Wilhelm Procop, Robert Garnier

Syntactische Studien zu Robert Garnier

Wilhelm Procop, Robert Garnier

Syntactische Studien zu Robert Garnier

ISBN/EAN: 9783743307445

Hergestellt in Europa, USA, Kanada, Australien, Japan

Cover: Foto ©Thomas Meinert / pixelio.de

Manufactured and distributed by brebook publishing software
(www.brebook.com)

Wilhelm Procop, Robert Garnier

Syntactische Studien zu Robert Garnier

Syntactische Studien

zu

Robert C

Inaugur

Erlangung der ph de

kgl. Unive

Wilhelm

kgl. Studien

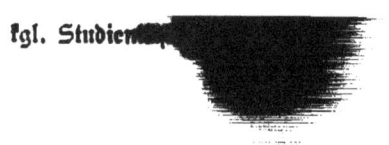

Eichſtätt 1885.

Druck von Martin Däntler.

Verzeichnis

der bei der Arbeit benützten und citierten Werke:

) Sammlung französischer Neubrucke, herausgeg.
von Karl Vollmöller: Robert Garnier, Les
Tragedies, herausgegeben von Wendelin Förster,
Band I.—IV. Heilbronn, Henninger 1882 u. 1883.

2) Frost, Etude analyt. et crit. sur le Théâtre de Rob.
Garnier. Progr. Bielefeld 1867.

3) Adolph Ebert, Entwicklungsgesch. d. franz. Tragödie,
vornehmlich im 16. Jahrh. — Gotha 1856.

4) Darmesteter u. Hatzfeld, Le Seizième Siècle
en France. Paris 1878.

5) Julius Riese, Recherches sur l'usage syntaxique
de Froissart. Halle 1880.

6) A. Stimming, die Syntax des Commines (in Gröber's
Zeitschrift für romanische Philologie, Band I. Heft 2
und 3).

7) Friedrich Glauning, synt. Studien zu Marot.
Nördlingen 1873.

8) Karl Grosse, synt. Studien zu Jean Calvin (in
Herrig's Archiv für neuere Sprachen. Band 61).

9) Friedr. Glauning, Versuch über die syntact. Archais=
men bei Montaigne (in Herrig's Archiv, Band 49).

10) J. Vogels, der synt. Gebrauch der Tempora u. Modi
bei Larivey (in Böhmer's romanisch. Studien, Heft 18,
Bonn 1880).

11) List, synt. Studien über Voiture (in Körting's und
Koschwitz's franz. Studien, Band I. Heft 1).

1

12) A. Haase, Bemerkungen über die Syntax Pascals. Oppeln 1883.

13) Gessner, zur Lehre vom franz. Pronomen, Progr. 2 Teile, Berlin 1873 u. 1874.

14) Hilmer, Etude sur le pronom personnel français. Dissertation, Rostock 1873.

15) Hemme, die Anwendung des Artikels in der franz. Sprache. Diss. Göttingen 1869.

16) Keding, Syntax des Teilungsartikels. Progr. Guhrau 1870.

17) Bruno, über die franz. Verbalformen auf „ant". Diss. Rostock 1871.

18) Domke, über die franz. Participien. Progr. Greifenberg 1876.

19) Wolper, Etude sur le conditionnel français. Progr. Hannover 1874.

20) Klatt, die Wiederholung und Auslassung gewisser Form- oder Bestimmungswörter in der franz. Prosa des XIII. Jahrh. Programm. Oldenburg 1878.

21) Krüger, über die Wortstellung in der franz. Prosalitteratur des XIII. Jahrh. Berlin 1876.

22) Diez, Grammatik der romanischen Sprachen I. und II. Teil, Bonn 1876; III. Teil, Bonn 1877.

23) Mätzner, franz. Grammatik. Berlin 1877.

24) Mätzner, Syntax der neufranzösischen Sprache, I. Teil, Berlin 1843; II. Teil, Berlin 1845.

25) Sachs, Wörterbuch.

Es sind nun genau 300 Jahre, seitdem die erste Gesamt=
ausgabe der Werke Robert Garnier's (1534—1590), des
ersten dramatischen Dichters Frankreichs im 16. Jahrhundert,
in Paris (1585) erschienen ist.

War schon Jodelle, dem Schöpfer der klassischen französi=
schen Tragödie, als er 1552 seine Cleopatra zur Aufführung
brachte, in überschwenglichem Maße Weihrauch gestreut worden,
so stieg die Begeisterung und Bewunderung für Garnier zu
einer Höhe, die alles Vorausgehende weit überragte.

Selbst Rom und Athen mußten vor dem neuen, in Frank=
reich aufgegangenen klassischen Gestirn erblassen.

Wie hoch man Garnier schätzte, beweisen die vielen, von
den hervorragendsten Geistern auf dem Gebiete der Litteratur
zum Lobe des Dichters in französischer, lateinischer und grie=
chischer Sprache verfaßten Sonnette und Oden, von denen nur
zwei hier Erwähnung finden mögen:

Sonnet de Pierre de Ronsard à l'autheur.

Je suis raui quand ce braue sonneur
Donte en ses vers la Romaine arrongance,
Quand il bastit Athenes en la France
Par le cothurne acquerant de l'honneur.
Le bouc n'est pas digne de son bonheur,

Le lierre est trop basse recompanse,
Le temps certain qui les hommes auance,
De ses vertus sera le guerdonneur.
Par toy Garnier la Scene des François
Se change en or, qui n'estoit que de bois,
Digne où les grands lamentent leur fortune.
Sur Helicon tu grimpes des derniers,
Mais tels derniers souuent sont les premiers
En ce bel art, où la gloire est commune.

In Roberti Garnerii opuscula tragica.

Tres Tragicos habuisse vetus se Graecia iactat:
Unum pro tribus his Gallia nuper habet.
Aeschylon, antiqua qui maiestate superbus
Grande cothurnato carmen ab ore sonat.
Quem Sophocles sequitur perfectior arte priorem,
Nec nimis antiquus, nec nimis ille nouus.
Tertius Euripides Actaei fama theatri,
In cuius labris Attica sedit apis.
At nunc vincit eos qui tres Garnerius unus,
Terna ferat Tragicis praemia digna tribus.

Io. Auratus Poëta et Interp. Regius.

Garnier war schon lange tot, aber der Sonnenglanz des Ruhmes strahlte noch viele Jahre über seinem Grabe.

Doch nichts ist beständig hienieden. Es kamen Hardy, Mairet, Rotrou, dann Corneille und Racine. Und in diesen beiden letzteren sah das französische Volk und sieht vielleicht noch den Höhepunkt dramatisch-poetischer Leistung. Garnier geriet in Vergessenheit, bis erst in neuerer Zeit gelehrte Forscher auf dem Gebiete der romanischen Philologie nicht allein die verborgenen Schätze der altfranzösischen Litteratur an's Tageslicht förderten, sondern auch die Dichter des 16. Jahrhunderts wiederum zur Geltung brachten.

Im Jahre 1856 erschien Adolph Ebert's treffliches Werk „Entwicklungsgeschichte der franz. Tragöble, vornehmlich im XVI. Jahrhundert", und die historische und ästhetische Bedeutung Garnier's ist darin in meisterhafter Weise entwickelt.

Neuerdings wurde das Interesse für Garnier angeregt durch die Herausgabe der „französischen Neudrucke" von Vollmöller.

Der Verfasser vorliegender Abhandlung nun hat es sich zur Aufgabe gemacht, dem genannten Dichter in grammatischer und speciell in syntactischer Beziehung eine genauere Untersuchung zu widmen, um damit einen Beitrag zu liefern zur eingehenderen Kenntnis der französischen Sprache des 16. Jahrhunderts.

Möge der Versuch geglückt sein!

Der Artikel.

A. Der bestimmte Artikel.

1) Bei Ländernamen war im Altfranzösischen und noch im 16. Jahrhundert der bestimmte Art. recht gut entbehrlich. (Mätzner p. 462 — Mätzner, Syntax I, p. 427 — Riese 44 — Glauning (Marot) 7 — Grosse 267 — Haase 7; — nach Glauning (Montaigne) 167 wird bei Rabelais der Art. vor Ländernamen meist ausgelassen, Montaigne dagegen setzt ihn regelmäßig. — Hemme führt p. 37 und 38 verschiedene Beispiele an, wo nach altfranz. Sprachgebrauch bei Ländernamen der best. Art. fehlt. — Was das 16. Jahrh. speziell betrifft, so wurde der Art. in der ersten Hälfte dieses Jahrh. gerne ausgelassen, während ihn die Autoren der zweiten Hälfte gewöhnlich setzten. (Darmesteter und Hatzfeld p. 252).

Garnier setzt mehrere Male, dem älteren Sprachgebrauch folgend, bei Ländernamen den Art. nicht, wo ihn die heutige Sprache nicht entbehren könnte.

J'armeray la Syrie, et les riues Troyennes, La Judee, Arabie, heureuses regions (Porcie p. 57, v. 1317). — Il luy donna Lydie, et Syrie, et encor L'odoreuse Arabie, et Cypre aux veines d'or: Et donna d'auantage à ses enfans Cilice, Les Parthes, la Medie, Armenie et Phenice (M. Antoine 195, 1430—1433).

Dagegen gebraucht Garnier manchmal bei Ländernamen den best. Art. in Verbindung mit der Präposition „en", wo ihn das Neufranzösische nicht duldet. (Mätzner 462. aa):

Qu'anoyent-ils en l'Afrique? en la Gaule, en l'Espagne? (Cornelie 90. 129). — Donnez en la Lycie (Antig. 32. 876). — vinez en la Scythie (Antig. 49, 1397).

Übereinſtimmend mit dem modernen Sprachgebrauch fehlt jedoch der beſtimmte Art. in: Cela faict, Antoine et Octaue trauerserent en Macedone (Porcie 13. 12). — arriuee en Cilice (Antoine 150. 5). — En Espagne, en Asie, ou quelque autre contree? (Antoine 183. 1029). Hier möge gleich Erwähnung finden, daß Garnier, dem altfranz. Sprachgebrauche folgend (Mätzner 402. 2), den beſt. Art. anwendet in Verbindung mit der Präpoſition „en“, nicht allein bei Ländernamen, ſondern auch bei vielen anderen, ſowohl concreten als auch abſtracten Subſtantiven, gleichviel ob der Art. in ſeiner vollen Form, oder apoſtrophiert erſcheint. Im Neufranz. beſchränkt ſich in dieſem Falle die Anwendung des beſt. Art. bekanntlich auf gewiſſe Fälle (Mätzner 402. 2). — Die Verbindungen en le und en les finden ſich auch bei Garnier nicht, für letzteres aber és (conf. Diez III. 169):

Porcie: 19. 97: en la terre — 25. 297: en la plaine. — 29. 464: en la mort — 63. 1510: en la campagne. — 51. 1161: en la mer — 61. 1469: és mains.

Cornelie: 85. 4: en la defaicte — 86. 40 és vies — 98. 396: en la main.

Antoine: 150. 3: és prouinces d'Asie — 160. 254: en la mer — 165. 428: en la force.

Hippolyte: 31. 759: en la terre — 31. 771: en l'estomac — 49. 1363: en la fleur de vostre âge — 66. 1897: en l'Orque.

La Troade: 92. 269: en la guerre — 133. 1701: en l'Auril.

Antigone: 40. 1108: l'espee en la dextre — 86. 2465: en la rue.

Les Juifues: 113. 411: en la nuit — 120. 642: en l'amour — 155. 1633: En la court d'un grand Roy.

Bemerkenswert iſt die allerdings nur einmal vorkommende Setzung des beſtimmten Artikels bei dem Ländernamen la Grèce in Verbindung mit einem Titel: Le grand Agamemnon, monarque de la Grece (La Troade 95. 330). (Vergl. hiezu Borel, gram. franç. p. 34. d: On remarquera comme une irrégularité, qu'on dit d'ordinaire „le roi de la Grèce“.)

2) Wie im Altfranz. bei den Namen der Berge der best. Art. oft ausgelassen wurde (Hemme 42. 5), so auch bei Garnier, was nach Mätzner 462 jetzt nur mehr dichterische Licenz ist (cf. Mützner, Synt. I. 426).

Que les bois d'Ide malencontreuse entendent nostre voix (La Troade 88. 124) — Quand Paris bûchoit le sapin Pour bastir des naues legeres Sur Ide (La Tr. 122. 1183) — Et toy Mars fremissant, qui sur Heme negoux Attises aux combats les Thraces courageux (La Tr. 162. 2473) — sur les rochers de Cithéron (Antig. 3. 28) — J'iray sur Cithéron aux longs coustaux touffus (Antig. 8. 23) — C'est luy, c'est Cithéron, que je dois desirer (Antig. 8. 28).

Dagegen: Et haut on me pendit en la forest mouuante Du pierreux Cithéron (Antig. 15. 279).

3) Garnier macht einen ausgedehnten Gebrauch von der Freiheit des Altfranz., Flußnamen ohne Art. zu setzen. (Mätzner 462 — Hemme 42. 6 — Darmesteter führt p. 253 auch ein Beispiel aus Ronsard an, wo bei „Loire" der Art. fehlt.)

Me lairrez-vous plonger aux ondes de Cocyte? (Hipp. 38. 1009) — Thessalie, où Pence Par les vallons herbageux fait une course obstinee? (La Tr. 121. 1145) Sur la riue diapree De Cephise (Antig. 25. 629) — aux claires eaux de Xanthe (Antig. 32. 874) — Ce phise va pourprant ses riuages retorts De divers sang meslé (Antig. 60. 1711) — Leurs chenaux espuisoyent les claires eaux de Seine (Bradamante 9. 74) — Plustost l'eau de Dordonne encontre-mont ira (Brad. 22. 434).

(Ein Rest dieses älteren Sprachgebrauches, Flußnamen ohne Art. zu setzen, sind die modernen Ausdrücke: Châlons-sur-Marne; — Chalons-sur-Saône: — Bar-sur-Aube; — Bar-sur-Seine. — Man vergleiche dazu das Deutsche „Der Pfalzgraf bei Rhein!").

4) Personennamen gebraucht Garnier der jetzt geltenden Regel gemäß, ohne Artikel, mit Ausnahme von zwei Fällen, nämlich: La Troade 88. 111: L'un, hardy, se promet

l'Andromache d'Hector, und Hippolyte 71. 2074:
Aussi tost vient la gresle ainsi que drageons blancs
Batre le sainct Bacchus à la teste et aux flancs.

Die mit „saint" zusammengesetzten Eigennamen bekommen
nach Mätzner 460. δδ keinen Art.

Auch die Regel, daß der best. Art. gesetzt wird, wenn dem
Personennamen ein adjectivisches Attribut vorausgeht, daß er
dagegen nicht steht, wenn die attributive Bestimmung dem
Eigennamen folgt (Mätzner 460. δδ — Mätzner, Synt. I.
423 — Diez III. 28. 5 — Hemme 32 u. 33) findet bei
Garnier Berücksichtigung. Nur zwei Fälle sind zu verzeichnen,
wo bei vorangehendem Abjectiv der Art. fehlt, nämlich:

Appella mille fois Enee, ingrat Enee (Einleitung
zu Porcie 7. 168) und et desiré Messie Viendra pour
mettre fin à toute Prophetie (Les Juifues 172. 2171).

Aus der Einleitung zu Antoine p. 147 geht hervor, daß
die Regel, nach welcher nach monsieur, madame etc., wenn
ein Titel oder Gattungsname dazu tritt, der best. Art. steht, zu
Garnier's Zeit noch keine allgemeine Geltung hatte; denn es
heißt an der betreffenden Stelle:

A Monseigneur de Pibrac conseiller du Roy en son
priué Conseil, President en sa Cour de Parlement, et
Chancelier de monsieur frere de sa Majesté.

5) Die vier Substantiva Enfer, Amour, Nature
und Fortune werden bei Garnier, dem älteren Sprach-
gebrauche gemäß (Diez III. 26 u. 27), in der Regel ohne Art.
gebraucht, wohl aus dem Grunde, weil diesen Wörtern, wenig-
stens den drei letzteren der Begriff einer allegorischen Persön-
lichkeit zu Grunde liegt. — Im Neufranz. behalten sie auch in
dieser Auffassung den best. Art. bei (Hemme 47). —

Zu Enfer bemerkt Hemme 24. 5: „„Wie Paradis, so
wird auch Enfer in der älteren Sprache bis in's 15. Jahrh.
ohne Art. gebraucht." — Die Subst. Nature und Fortune
kommen auch bei Montaigne (Glauning 166) häufiger ohne,
als mit Art. vor.

Vous les Dires d'Enfer (Porcie 18. 31) — Amour
dont on se jouë (Antoine 161. 281) — Tant amour

ensorcelle et trouble nos esprits! (Antoine 170. 593) —
De ces tisons d'Amour se defendre n'a peu (Hipp. 31.
770) — Amour est bien aueugle (Brad. 33. 728) —
Violant de Nature et des hommes la loy (Cornelie 110.
782) — Rien ne vit de si beau, Nature semble auoir
Par un ouurage tel surpassé son pouuoir. (Antoine 174.
709) — Nature ne nous fait esclaues d'un espoux
(Hipp. 24. 517) — Vrayment Nature a fait à ceux
une grand'grace, Qui se peuuent vanter d'estre de bonne
race (La Tr. 137. 1661) — Fortune aux pies aellez
nous gouuerne maistresse Selon sa volonté (Porcie 46.
965) — On sçait combien Fortune a les piéds incer-
tains (Porcie 53. 1210) — Or vous que la faueur de
fortune et Des Dieux A sauué (Cornelie 109. 765).

Dagegen: La Fortune n'outrage pas Volontiers
les personnes basses (Porcie 21. 167) — la Fortune
muable (Porcie 29. 456) — Les hommes nos tyrans,
violant la Nature, Nous contraignent (Hipp. 24. 519).

Auch Volupté kommt perſonificiert ohne Art. vor in: Voyla
de Volupté les effects dommageables (Antoine 188. 1196).

Ebenſo finden ſich die beiden Subſtantioa Hyuer und
Esté ohne Art. in: Par les froideurs d'Hyuer, par les
chaleurs d'Esté (Brad. 20. 378).

Dagegen ſteht Hyuer mit dem Art. in: Comme
durant l'Hyuer (Brad. 36. 843).

Es ist intereſſant zu hören, was Hemme p. 47 hiezu
bemerkt. Er ſagt nämlich: „Ich mache zu dieſem Punkt auf
den romantiſchen Stil aller Zeiten und Völker aufmerkſam,
welcher den gemeinſamen Zug hat, lebloſe Sachen zu perſoni-
ficieren und ſie dadurch der Anſchauung näher zu bringen;
z. B. „Rösſlein auf der Haiden“ — „Fantaſie mit Donnerſturm
tut auf den Mund“ (Rückert); mittelhochdeutſche Wörter, wie
„minne, saelde, triuwe, witze“ — ferner: „In der Nicht-
ſetzung des Art. liegt mehr Poeſie: die Fantaſie leiht den Ab-
ſtracten eine ſolche Individualität und Perſönlichkeit, daß ſie
der äußeren, determinierenden Hervorhebung gar nicht mehr
bedürfen; im Neufranz. aber hat der reflectierende Verſtand

eine so gefühlvolle Anschauung nicht aufkommen lassen und
entweder nur den äußeren Umfang des Begriffes bestimmt,
oder das Abstractum als Gattungswort aufgefaßt, indem er den
best. Art. setzt."

6) Bei abstracten Substantiven konnte im Alt=
franz. der Art. häufig wegbleiben (Riese 43. 2 — Glauning
(Marot) 8. c — Grosse 267. 1 — List 2. 1 — Haase 5;
— Bei Rabelais fehlt der Art. hier oft, bei Montaigne ist
er meist gesetzt; indessen kommen auch bei ihm Fälle vor, wo
das abstracte Substantiv ohne Art. steht (Glauning, Montaigne
167). — Man vergleiche dazu auch die Beispiele, welche Hemme
p. 46 anführt.) Die moderne Sprache verlangt jedoch auch bei
den abstracten Substantiven den best. Art. (Mätzner 464. δ).
Jedoch ist auch, besonders in der Poesie, die Auslassung d. Art.
nicht ungewöhlich (Mätzner, Syntax I. 421) —

Bei Garnier lassen sich für den älteren Sprachgebrauch
verschiedene Belege anführen:

Soyez prompt à douceur, et tardif à vengeance.
Mais bien prompt à rigueur, et tardif à clemence.
(Porcie 42. 855 u. 856) — Reduit à desespoir (An-
toine 178. 866) — auec constante enuie De borner
à vos pieds mon amour ou ma vie (Hipp. 52. 1437) —
fuyant oisiueté (Hipp. 63. 1799) — Je suis de si
longtemps accoustumee à peur (La Tr. 114. 927) —
Dieu prefere tousjours la clemence à justice (Les
Juifues 134. 1028).

7) Bemerkenswerth ist das Fehlen des best. Art. bei zwei
zusammengestellten Substantiven.

de pieds et de teste Il choque renfrongné la
forestiere beste (Porcie 54. 1251) — et ses gens criant
tous à la fois, De parole et de main approuuerent
sa voix (Corn. 139. 1664) — Ils courent l'un sur l'autre
et de pieds et de teste... (Corn 139. 1670) — Et
de corne et de front le test ils s'entrebrisent (Corn.
139. 1682) — Puis saquent à l'espee, et de pointe et
de taille Decoupent acharnez maint plastron, mainte
escaille (Corn. 139. 1685) — Ils rompent pique et

la nce (Corn. 139. 1663. vergl. d. Teutſche: ſie bred.en Pfile und Lanze!) — Bien qu'elle eust pieds et teste en-semblément liez (Hipp. 16. 267. — Füße und Kopf!) — Qui a fait mer et terre auec le firmament (Les Ju. 158. 1738. der Erde und Meer mit dem Firmamente gemacht hat!) — Non contente, d'auoir Par glaiue et feu Jerusalem destruite (Les Ju. 161. 1827 — durch Feuer und Schwert!).

8) „Nur der dritten Perſon kommt eigentlich der Artikel zu; die erſte und zweite, die des Redenden und Angeredeten ſind durch ihre Gegenwart genügend angezeigt“, heißt es bei Diez III. p. 22, und weiter: „eine größere Freiheit iſt es, den Vocativ, d. h. die zweite Perſon mit dem Artikel zu ver-ſehen“ — „Der Art. ſcheint dem Ausruf oder Anruf Lebendigkeit und Nachdruck verleihen zu ſollen“ (Diez III p. 23 und 24) — Bei Garnier laſſen ſich viele Beiſpiele aufweiſen, wo in der Anrede und beim Ausruf der beſt. Art. geſetzt iſt, aber auch nicht weniger Beiſpiele, wo er ausgelaſſen iſt:

O terre! ô ciel! ô mer! ô planettes luisantes! O Soleil éternel en courses rayonnantes! O Royne de la nuict Hecate aux noirs cheuaux! O de l'air embruny les lumi-neux flambeaux! Si vous auez pounoir... (Porcie 67. 1655) — O la triste aduenture! ô le malheureux sort! O de-sastre! ô mechef! ô deplorable mort! (Hipp. 68. 1965) — O le seul reconfort de ta mere affligee! O lustre de l'Asie! ô l'espoir des Troyens! O sang Hectorean!.... (La Tr. 119. 1082—1085) — O la grande vertu! bons Dieux! se peut-il faire Que... (Antig. 9. 85) — Il me menace encore, ô l'impudente audace, (Antig. 73. 2052) — O l'incredulité de mon ame obstinee! O piteux infor-tune! ô dure destinee! (Les Ju. 143. 1299) — Adieu de tant de Rois l'heroïque semence (Les Ju. 157. 1712) — O Roy parjure! ô la deloyauté (Les Ju. 163. 1878).

Hemme citiert p. 19 auch ein diesbezügliches Beiſpiel aus der neueren Zeit, nämlich aus Victor Hugo und führt dann weiter aus, wie dieſe Erſcheinung, dem Vocativ den beſt. Art. anzufügen, ſich in allen romaniſchen Sprachen, namentlich im

Wallachischen, aber auch in andersstämmigen Sprachen findet, z. B. im Hebräischen, im Griechischen, in den germanischen Dialekten bis in die neueste Zeit herein — „auch beim Ausruf wird, wie bei der Anrede der best. Art. häufig genug gesetzt" (Hemme p. 20).

9) Neben le premier = zuerst findet sich bloß premier (Ebenso bei Voiture (List 3) und noch bei Pascal (Haase 9).

Ceste race de Brute a premiere bannie De nos superbes Rois la dure tyrannie (Porcie 34. 579) — Cesar qui subjugua les Gaules belliqueuses, Et qui singlant premier sur les plaines ondeuses Du vieillard Ocean, alla... (Porcie 45. 912) — Je vous atteste aussi, par vos Ombres je jure, Que j'ay cogneu premiere, et premiere predit Nos malheurs (La Tr. 86. 55) — Tiphys tenta premier la poissonneuse plaine (La Tr. 141. 1793) —

Dagegen: Cesté ancienne femme, Qui marche la premiere, est quelque grande Dame (Les Ju. 119. 584).

10) Das unbestimmte Pronomen on, das sich in der älteren Sprache ganz ohne Zwang mit dem bestimmten Art. verbunden fand in der Form von l'on oder lon (aus l'homme entstanden) (Mätzner, Synt. I. 436 — Glauning (Marot 10) — List 2 — Haase 8), und das in Verbindung mit dem bestimmten Art. heute nur mehr in gewißen Fällen angewendet wird (Mätzner 156. ε), kommt bei Garnier unterschiedslos als on, l'on oder lon vor, gleichviel ob ein Vokal oder ein Conjonant folgt. Selbst vorausgehendes oder folgendes „l" beeinträchtigt die Anwendung von „l'on" oder „lon" nicht. (Der bestimmte Art. vor on wird auch bei Rabelais sowohl, wie bei Montaigne, sehr willkührlich gesetzt und ausgelassen (Glauning, Mont. 179)

Sire, lon en pourra feindre de vous autant (Einleitung zu Porcie 6. 93) — nos libertez, dont on ne fait plus cas (Porcie 23. 238) — cuidant que l'on ait encore sentiment (Porcie 23. 242) — De la ville je sors auecque ceste espee Que je levay de terre, ainsi que lon sortoit De la chambre d'Antoine, et que lon le portoit (Antoine 203. 1674) —

Calchas veut qu'en son lieu l o n rompe ce tombeau, Et
que d'Hector la cendre o n espande dans l'eau (La Tr.
114. 931 & 932) — que permettre je puisse Qu'o n
rompe ce tombeau? que l o n le demolisse? Que sa cendre
o n respande, et qu'o n la jette au vent (La Tr. 115.
950 & 951)—Que l'o n luy sacrifie une pleine hecatombe
(La Tr. 134. 1153) — Il a bien merité, que l o n le re-
connoisse (Les Ju. 137. 1127)—L o n ne peut empescher
qu'à Dieu l o n se dedie (Brad 31. 681).

11) Auch das abjectvisch gebrauchte m e s m e findet sich
bald mit, bald ohne Art., eine Freiheit, die sich auch die moderne
Sprache gestatten darf (Mützner 164 $\beta\beta$ und 473 δ). (Voiture
(List 3.5), Calvin (Grosse 280. 10) und Pascal (Haase 8.
5) lassen ebenfalls den Art. bei même manchmal aus, wo ihn
die heutige Sprache nicht missen kann. — Hemme sagt p. 65
über diesen Punkt: „même, obwol bestimmt gefaßt, entbehrt als
Abjectiv oft des Art.", und citiert dann Beispiele aus Corneille,
Molière und Montaigne).

Je veux voir foudroyer ceste race de Mars, Et pour
s'entre-égorger brandir d e m e s m e s d a r s, S'armer d e
m e s m e fer et d e m e s m e c o u r a g e De scadrons en
scadrons s'animer au carnage. (Porcie 18. 24 und 25). —
Las! ce n'est pas assez de s'estendre bien loing... Et
voir s o u s m e s m e j o u g l'Ethiope et le Gete (Corn. 91.
142.) — et sans la scruitude Qui nous ourdist à tous
m e s m e s o l i c i t u d e (Corn. 99. 436) — Cesar d e m e s m e
s o r t e indomtable surmonte Les hommes... (Corn. 110.
775) — Antoine... Capable de regir d e s s o u s m e s m e s
d e s t i n s... l'empire des Latins (Antoine 212. 1934.) —
Leurs femmes... Perdant p a r m e s m e P a r i s, Et p a r
m e s m e H e l e n e, absentes, Leurs enfans et leurs maris
(La Tr. 122. 1204 und 1205) — Que ne destrempez-vous
vos armes en mon flanc, Si vous n'auez horreur de les
souiller au sang Tiré d e m e s m e v e n t r e, au sang de
mes entrailles (Antig. 27. 674) — Pour auoir m e s m e
t a b l e auec nos petits Princes (Les Ju. 155. 1643).

Dagegen: Etquoy? ne pourrons-nous d e l a m e s m e

puissance Refrener, s'il nous plaist, la Romaine arrogance? (Porcie 19. 81) — Et donne les mesmes terreurs Aux couronnes des Empereurs (Corn. 118. 1015).

12) Die jetzt geltende Regel, daß tout in der Bedeutung „ganz" und „all" den beſt. Art. nach ſich nimmt, berückſichtigt Garnier nur in ſofern, als er nach „tout ganz" jedes Mal den Art. ſetzt, einen einzigen Fall ausgenommen a); für „tout all" dagegen laſſen ſich ſehr viele Beiſpiele anführen, wo in ganz willkürlicher Weiſe, dem früheren Sprachgebrauche gemäß (Darmest. 255 — Riese 44) der beſt. Art. geſetzt oder ausgelaſſen iſt b). (Auch bei Calvin (Grosse 280) und Pascal (Haase 7. 3) fehlt der Art., wo er heute ſtehen müßte. Bei Montaigne (Glauning 179) kommt die Auslaſſung des beſt. Art. ebenfalls oft vor. Auch Rabelais (Hemme 63) hält ſich noch nicht an die jetzt geltenden Regeln).

a) et toute nuict chemine Les armes sur le dos (Corn. 137. 1589 = und er marſchiert die ganze Nacht!)

b) Mais comme on luy osta tous moyens ordinaires de s'outrager (Porcie 14. 26) — Mettant dessous le pied tous honnestes desirs (Antoine 187. 1155) — Et plustost et plustost en toutes regions, Toutes terres et mers (Antoine 208. 1843) — O Priam que j'aimois plus que tous Rois du monde (La Tr. 159. 2383) — toutes choses humaines Suiettes à perir sont tousjours incertaines. (La Tr. 159. 2391) — O rigoureux Amour, Dont la fleche poignante Sans repos nuict et jour Toutes ames tourmente (Antig. 81. 2329) — Tous crimes on pardonne fors celuy seulement qui touche à la couronne. (Les Ju. 108. 251) — sa rigueur Que tous hommes mortels doiuent sans cesse craindre (Les Ju. 120. 615) — Dieu seme en tous endroits nostre bonne fortune (Brad. 28. 590) - De tous aspres tourmens mon tourment est le pire (Brad. 40. 948).

Dagegen: Nostre Rome qui s'esleuoit Sur toutes les citez du monde (Porcie 22. 192) — Pluton y deuroit employer Tous les tourmens de son abysme (Corn. 92. 206) — La mortelle Parque au contraire Nous offre

un secours salutaire Contre tous les humains mal-
heurs. (Antoine 190. 1256).

13) Garnier eigentümlich und mit dem modernen Sprach-
gebrauch nicht übereinstimmend ist die Anwendung des
best. Art. mit dem, auch abjectivisch gebrauchten, besitz-
anzeigenden Pronomen mien, tien, sien etc. Garnier
schließt sich in dieser Beziehung dem altfranz. Sprachgebrauch
an, demgemäß auch der Unterschied zwischen dem sogen. ver-
bundenen und absoluten Pron. noch nicht stricte beobachtet wurde.
(Diez III. 68. c—Mätzner 144. b u. 146—Riese 49. 9).
(Besonders häufig findet sich diese Anwendung des best. Art.
auch bei Marot (Glauning 10. 2); ebenfalls bei Montaigne,
wenn das Pron. poss., ein vorausgegangenes Substantiv ver-
tretend, ein Adjectiv zu sich nimmt (Glauning 177). — Dies-
bezügliche Beispiele führt auch Hemme p. 58 an).

pensant qu' il pourra bien S'esleuer aussi grand
comme le pere sien (Porcie 55. 1278) — O ame va-
leureuse! et bien tost l'ame mienne N'ira voir comme
vous la riue Elysienne? (Corn. 108. 705) — la race
sienne (Antoine 162. 338) — l'arrogance sienne
(Antoine 204. 1692) — trois des demandes miennes
(Hipp. 64. 1826) — pour la querelle sienne (Antig.
16. 317) — Dignes de moy leur pere, et du lignage
mien (Antig. 17. 348) — Autour du frere sien
(Antig. 62. 1767) — Or vienne ce musqué, qui ne feit
jamais rien Et qui n'est renommé que pour l'Empire
sien (Brad. 42. 1010).

Prädikativ gebraucht steht jedoch bei mien etc., selbst
in der absoluten Form, kein Artikel: Dans les rocs cauerneux
du goulfe Pharien, Où franc de mille soings je demeurois
tout mien (Porcie 38. 706) — Il vit encore en moy,
ma vie est demy-sienne, Tout ainsi que sa mort est
aussi demy-mienne (Porcie 70. 1738) — Mais ce ne
sont les Dieux, ny Crasse mon espoux, Qui pour tienne
me voir nous poursuiuent jaloux (Corn. 95. 282) — Et
ne peux lamenter aucun malheur Troyen, Suruenu de
nouueau, qu'il ne soit du tout mien (La Tr. 142. 1824)

— Il me fault despouiller moymesme de mon bien, De-
liurer à un autre un amour qui est m i e n (Brad. 35.
786) — Je pry' vostre bonté que promesse on me tienne,
Et qu'ayant la victoire elle demeure m i e n n e (Brad. 37.
872).

14) Beim superlativischen Abjectiv, es mag dem
Substantiv vorausgehen oder folgen, setzt Garnier, wie es die
heutige Grammatik verlangt, im Allgemeinen den best. Artikel.
Jedoch finden sich auch Beispiele, wo dem altfranz. Sprach=
gebrauche entsprechend (Diez III. 11. 3 — Riese 45. 3), der
best. Art. ausgelassen ist, und zwar a) wenn dem Substantiv
ein Superlativ folgt und b) wenn zwei Abjectiva im Super=
lativ das Substantiv begleiten, von denen, ganz nach dem
Sprachgebrauche des 16. Jahrh. (Darmest. 256 u. 257), das
erste mit dem Art. versehen ist, das zweite aber nicht. Heut=
zutage wäre der best. Art. unbedingt zu setzen (Mätzner 469. b).
(Hinsichtlich der Auslassung des best. Art. macht List p. 2
u. 3 bei Voiture dieselbe Beobachtung. — Bei Calvin wird
vor dem zweiten Superlativ nicht bloß der Art., sondern auch
plus weggelassen (Grosse 268. 7). — Auch bei Pascal fehlt
der best. Art., wenn ein superlativisches Abjectiv dem Substantiv
folgt, und bei zwei auf einander folgenden Superlativen (Haase
9. 8 a u. c). — Bei Montaigne wird der Art. beim Super=
lativ ebenfalls gar oft nicht wiederholt (Glauning 176) —
Hemme citiert p. 53. 2 vom Rolandslied bis Racine Beispiele,
in denen der best. Art. beim nachgestellten Superlativ fehlt).

a) Et les Aquilons furieux Ne batent guere que les
festes Des rochers p l u s a u d a c i e u x (Porcie 22. 182) —
Enfonce enfonce moy dans les gouffres p l u s c r e u x,
qui se puissent trouuer aux Enfers tenebreux (Porcie 66.
1622) — Mechante Ambition, des courages p l u s h a u t s
Poison enraciné, tu nous trames ces maux! (Corn. 88.
23) — Seul il les repoussa, terraçant par milliers, Au
coeur de leurs scadrons, les soldats p l u s g u e r r i e r s
(Brad. 63. 1566).

b) O roine de la mer, Crete, mere des Dieux ...
O la p l u s o r g u e i l l e u s e e t p l u s n o b l e des isles

.(Hipp. 19. 383) — O la plus belle vie, et plus noble de celles Qui pendent aux fuseaux des fatales Pucelles! (Hipp. 76. 2235).

Einmal kommt bei Garnier auch der Fall vor, wo einem, mit dem unbeſt. Art. verſehenen Subſtantiv der Superlativ mit dem beſt. Art. folgt, nämlich: Je veux chercher des nuits la nuit la plus ombreuse, Un lieu le plus sauuage et le plus escarté Qui se trouue sur terre (Brad. 46. 1137). — Hemme ſagt hiezu p. 53. 3: „Es iſt dies (daß nämlich bei vorangeſtelltem unbeſt. Art. der Superlativ mit dem beſt. nachfolgt), eine beſondere Eigentümlichkeit des Altfranz., kommt aber noch bei Molière vor. Der Superlativ mit dem beſt. Art. nach dem Subſtantiv iſt vielleicht eine Art Appoſition, die nachher die erſte Behauptung verbeſſernd erklärt und näher beſtimmt."

15) Der beſtimmte Art. wird im Neufranz. nicht wieder=holt nur bei ſynonymen Begriffen, oder bei ſolchen, welche zu einem Ganzen verbunden werden ſollen. Das Altfranz. war in dieſer Beziehung unbeſchränkt und vernachläſſigte gar häufig den beſt. Art. (Diez III. 418 — Mätzner 468 — Mätzner, Syntax I. 438 ff. — Hemme 67 u. 68). Was aber ſpeciell das 13. Jahrh. betrifft, ſo weiſt Klatt p. 12 u. 13 durch zahl=reiche Beiſpiele nach, daß in der franz. Proſalitteratur dieſes Jahrhunderts die Wiederholung des beſt. Art. und auch des unbeſt. vor jedem Subſtantiv Regel war.

Garnier wiederholt, der Freiheit des Altfranz. folgend, ſehr oft den Art. nicht, ſelbſt bei Subſtantiven, die verſchiedenes Genus und verſchiedenen Numerus haben. (Daß im 16. Jahrh. überhaupt bei mehreren auf einander folgenden Subſtantiven, ſelbſt wenn dieſe verſchiedenes Geſchlecht und verſchiedene Zahl haben, der Art. nur einmal, zum erſten Subſtantiv, geſetzt wurde, findet ſich bei Darmesteter p. 256 auseinandergeſetzt. — Bei einzelnen Schriftſtellern weiſen die Nichtwiederholung des beſt. Art. nach: Riese (Froissart) 45. 3 — Grosse (Calvin) 267. 5 — Glauning (Montaigne) 418 — Glauning (Marot) 10 Anm. — Haase (Pascal) 10. 9. Bei letzterem wird in=deſſen die Wiederholung nur in ganz vereinzelten Fällen unter=

2*

laſſen; in der Regel wird der Art. wiederholt, auch bei ſyno=
nymen Subſtantiven. — „Zum Beweiſe, wie frei man früher
mit dem Art. in der Wiederholung verfuhr, mag Rabelais
dienen, welcher nicht bloß bei ſynonymen Ausdrücken den Art.
willkürlich ſetzt oder ausläßt, ſondern auch für verſchiedene
Genera und Numeri und durchaus unterſchiedene Gegenſtände
ſich meiſt mit e i n e m Art. begnügt und auch dieſen nicht be=
ſtändig im Plural anwendet", ſagt Hemme p. 68, und läßt
dann die Belege folgen).

J'estime que moy et tous autres François ne ferons
chose prejudiciable a u x d r o i t s de vostre souueraineté
et d e u o i r de nostre obeissance (Einleitung zu Porcie 3.
11 u. 12) — a u q u a t r i e s m e et c i n q u i e m e (liure)
d'Appian (Porcie 14. 30) — L e s T y g r e s et L o u s
Cruels hostes des bois, Se monstrent plus dous Que les
hommes cent fois (Porcie 76. 1940) — A u c i n q u i e s m e
l i u r e des guerres ciuiles d'Appian, et q u a r a n t e -
t r o i s i e s m e de Dion (Corn. 86. 42 u. 43) — presque
tous les bons … courent vagabonds Par l e s t e r r e s et
m e r s (Corn. 105. 639) — Taise l e s S c i p i o n s Romme,
et les F a b i e n s, L e s F a b r i c e s, Metels, l e s v a i l-
l a n s D e c i e n s, Cesar a plus qu'eux tous emporté de
batailles. (Corn. 128. 1336) — pour l e b i e n de son
peuple et o r n e m e n t de sa Justice (Antoine 147. 16) —
Au contraire l'a p p r e s t et p r o d i g u e d e s p e n s e
Qu'elle a depuis monstré, festant vostre naissance Nous
declarent assez que .. (Antoine 180. 904) — Egal a
Jupiter, j'ennoye le b o n h e u r E t m a l h e u r où je veux,
sur fortune seigneur (Antoine 193. 1363) — pour l e
b i e n et s e u r e t é de la Grece (La Tr. 83. 6) — Un
enfant heritier D e s s c e p t r e s et v e r t u s d'un Prince
si guerrier (La Tr. 109. 772) — elle (= Antigone) fut
debonnairement le s o u s t i e n et c o n d u i t t e de son
miserable pere (Antig. 2. 40) — T'on nom s'est espandu
fameux A u G a n g e et A r a x e e s c u m e u x (Antig. 19.
439) — Dequoy je me semble estre aucunement acquitté
par le s u j e t et a d d r e s s e de ceste Tragedie (Les

Ju. 95. 8) — mais c'est tout ce que je vous puis donner
de tesmoignage du respect et obeissance que je
vous porte (Les Ju. 96. 41) — La cruauté fut extreme tant
enuers les hommes qu'edifices (Les Ju. 99. 29).

B. Der unbeſtimmte Artikel.

I. Gleich dem beſt. Art. wurde auch der unbeſt. in der
älteren Sprache und noch im 16. und 17. Jahrhundert oft
nicht gebraucht in Fällen, wo er heute geſetzt werden müßte.
Bei Garnier laſſen ſich viele Beiſpiele aufweiſen für die ganz
willkürliche Anwendung oder Auslaſſung des unbeſt. Art. So
wird er z. B. unterbrückt:

1) Beim Subſtantiv mit einem attributiven
Abjectiv (wie bei Marot (Glauning 9. f.) — Montaigne
(Glauning 168. ff) — Pascal (Haase 12. 1. a)) und zwar
a) wenn das Subſtantiv birektes Objekt iſt:

Nous lors... Voûrons au Dieu Capitolin Pour un
tel benefice, Annuel sacrifice (Porcie 28. 398) —
Mais encor' verra-til plus nouueau changement (Porcie
28. 417) — N'auez-vous prins encor raisonnable ven-
gence? (Porcie 42. 843) — En Egypte, où il pretendoit
refaire nouuelle armee (Corn. 85. 11) — Et l'autre
par les eaux vagabonde exilé Cherchant nouueau se-
jour sous un ciel reculé (La Tr. 153. 2202) — Qu'on
la porte en la ville, à fin qu'on luy procure... royale
sepulture (Antig. 51. 1453) — Vous acquerrez vic-
toire à jamais memorable (Les Ju. 134. 1024).

b) Wenn das Subſtantiv mit einer Präpoſition
verbunden iſt:

La peur ne print jamais racine en braue coeur
(Porcie 35. 615) — Ny celle que les puissans Dieux Ont
tournee en roc larmoyeux (Antoine 163. 364) —
vous... que de main sanglante Je contrains deualer
sous la tombe relante (Antoine 207. 1808) — Je vous

tiendray sa place, et par notable preuue Tascheray
de monstrer que vous n'estes pas veufue (Hipp. 50. 1381)
— et de cerueau rassis Je te requiers en don le
meurtre de mon fils (Hipp. 64. 1835) — Quand la terre
esbranlee auec horrible bruit Rendit un son affreux
de ses cauernes creuses (La Tr. 125. 1290) — Mais comme
apres l'hiuer le printemps on voit naistre, Et apres
longue pluye un beau temps apparoistre (Antig. 50.
1421) — Ne sçauiez-vous pas bien Qu'il estoit defendu
par publique ordonnance? (Antig. 63. 1804) —
Pere, quisqu'il te plaist faire le chastiment De nos im-
pietez par juste jugement (Les Ju. 144. 1354) — Et
quoy? sçauroyent-ils estre en lieu plus honorable?
(Les Ju. 155. 1631) — Qui pourra retourner auec
nouuelle force (Brad. 11. 129) — Venu pour son
amour de lointaine prouince (Brad. 14. 225).

c) Wenn bem attributiuen Abjektiu baš ver=
gleichenbe Abverb „si“ beigegeben ift:

(nach Diez III. 37. 16 ift bie Weglaffung bes unbeft. Art.
altfranz., aber auch noch bei Marot unb Malherbe zu finben):

Le grand Dieu Jupiter, et le pere Neptune Nous
vueille preseruer de si grande infortune (Hipp.
49. 1370) — Il faut que mon espee, Vengeant si grand
forfaict, soit de son sang trempee. (Hipp. 53. 1478)
— D'auoir veu de mes yeux si pitoyable fin (Hipp.
68. 1970) — Si grand feu l'espouuante (La Tr. 86. 37)
— reduit en si grand desarroy (Les Ju. 132. 962)
— Ore il faut louer Dieu de si belle victoire (Brad.
10. 121) — Une heure m'est un siecle... Que je ne suis
l'object de si belle figure (Brad. 32. 719)

d) Nach c'est:

O que c'est grand pitié! (Hipp. 42. 1123) —
Las! je l'excuse bien, c'est chose naturelle (Les Ju.
155. 1636) — Las! c'est grand cas qu'on ne trouue
personne (Les Ju. 159. 1765)—Et n'est-ce pas grand
cas, n'est-ce pas chose estrange, Qu'une pros-
perité si promptement se change? (Les Ju. 143. 1323).

Auch ohne Abjectiv: c'est vergongne de faire
Guerre à son ennemi, que lon ne veut desfaire (Porcie
53. 1195) — Alors est-ce hasard, s'il nous eschet
d'auoir Quelque accident manuais, que n'ayons peu preuoir
(Hipp. 22. 497) — Si c'est promesse, elle se doit
Appeller promesse friuole (Hipp. 67. 1933) — C'est
vergongne à un Roy de suruiure vaincu (Les Ju. 143.
1309).

2) Wenn ein Substantiv als logisches Subject
bei einem unpersönlichen oder unpersönlich ge-
brauchten Verbum steht. Der Satz ist verneinend
oder fragend mit verneinendem Sinn. (Diez III.
36.) (Ebenso bei Pascal (Haase 12. b)).

Das Substantiv ist gewöhnlich durch einen Relativsatz be-
stimmt:

Car en toute la terre il ne se verra place, Coing
ny recoing aucun, où je ne les pourchasse (Porcie 41.
835) — Mais pource qu'en la terre il ne se trouue race,
Qui se hasarde plus d'affronter ton audace (Porcie 19.97)
— Qu'il ne se trouue place exempte de tombeaux, Qu'il
ne se trouue mer qui n'empourpre ses eaux De vostre
sang mutin (Porcie 20. 119) — Mais il n'y a malheur
qui n'ait son reconfort (Porcie 53. 1206) — Est-il plus
grief tourment que souffrir nostre Empire? (Porcie
53. 1203) — Octaue, est-il tourment, est-il supplice
tel, Dont se doiue tant plaire un ennemy mortel? (Porcie
56. 1297) — Y-a-til malencontre, y-a-til mal aucun,
Y-a-til accident qui ne nous soit commun? (Porcie 74.
1870).—Il n'y a foy qui dure entre ceux qui commandent
Egaux en quelque lieu (Corn. 88. 33) — Il n'est puis-
sance mondaine Si grande que le Destin (Antoine
177. 820) — Il n'est chose qui tant que la rigueur
desplaise (Antoine 197. 1504).

3) Vor tel nach altfranz. Art, wo der Art. meist
unterdrückt wurde (Diez III. 44. 5). (Auch bei Pascal fehlt
der Art. (Haase 13. c.)):

Jadis ce grand heros, Hercule vostre ayeul, Combatit
Acheloë enflé de tel orgueil (Porcie 49. 1070) — et
n'auons peur qu'un foudre Pour telle impieté nous
broye tous en poudre (Hipp. 32. 792) — Telle façon
de viure auoyent du premier temps Nos peres vertueux
(Hipp. 44. 1199) — Las! que pouuiez-vous faire à telle
violence? (Hipp. 54. 1514) — Dieux chassez telle
horreur bien loin de ce tombeau (La Tr. 108. 748) —
Que si mon propre enfant m'auoit faict telle injure
(Les Ju. 108. 248) — Qui veit onc tel malheur?
(Brad. 40. 941).

Für die drei eben angeführten Fälle ließen sich indeſſen
zahlreiche Beiſpiele aufweiſen, bei denen, dem heutigen Sprach=
gebrauche gemäß, der unbeſt. Art. geſetzt iſt.

II. 1) Durch das Altfranz. zu erklären (Diez III. 44. c
— Mätzer 470. b) iſt die noch bei den Autoren des 17. Jahrh.
vorkommende Setzung des unbeſt. Art. vor das Prono-
men indefinitum „chacun" (Mätzner, Synt. I. 445
— Glauning (Marot 10. 2) — Glauning (Mont. 179) —
Grosse 277. 6. — List 3 — Haase 13 — Hemme citiert
p. 78. 8 auch Beiſpiele aus Rabelais und Molière):

Ores le joug pesant dont nous faisions courber La
teste d'un chacun vient dessur nous tomber. (Corn.
90. 116) — Il guerroye un chacun (Hipp. 32. 783) —
Quand il n'en diroit rien, un chacun le raisonne (La
Tr. 109. 770) — et combien de rancueur Encourra d'un
chacun ce peuple belliqueur? (La Tr. 135. 1592) —
Ce braue naturel superbe et magnanime Esmouuoit un
chacun (La Tr. 145. 1914) — Vostre vie est la nostre,
et qui l'auroit rauie, Auroit raui de nous et d'un
chacun la vie (Antig. 17. 342).

2) Wie der beſt. Art., ſo konnte im Altfranz. auch der
unbeſt. mit dem Proſſeſſivpronomen mien, tien
etc. vor ein Subſtantiv geſetzt werden (Diez III. 69
— Riese 49. 9 — Hemme 47. b). Sehr gewöhnlich iſt
dieſe Verbindung des unbeſt. Art. mit dem beſitzanz. Fürwort
bei Montaigne (Glauning 177). — Mätzner weiſt Gram.

p. 470 u. Synt. I. 414 burdf Beiſpiele nad), baſſ aud) bie Academie, Racine unb Voltaire bieſen altfranz. Sprachgebrauch nachgeahmt haben.

Wie bei Voiture (List 7) iſt aud) bei Garnier bieſe An: wenbung bes unbeſt. Art. nur burd) ein Beiſpiel nad)weisbar: Ce qu'il creut tellement, qu'apres quelques regrets il commanda à un sien seruiteur de le tuer (Antoine 151. 37).

3) Mätzner ſagt p. 155. γ, baſſ im Altfranz. un (reſp. uns, une) für quelqu'un gebraud)t wurbe unb führt p. 470. b aus Joinville ein Beiſpiel hiefür an. Aud) Marot unb Montaigne kennen bieſe Verwenbung bes unbeſt. Art. für quelqu'un (Glauning, Marot 19. IV.). — Bei Garnier ſteht ebenfalls un für quelqu'un; es folgt bann immer ein Relativſatz:

esclaue entre les mains D'un, qui m'ira soumettre à ses plaisirs vilains (La Tr. 136. 1636) — Mais ainsi qu'un qui chet en quelque gouffre noir (La Tr. 162. 2445) — je sens les funebres trauaux D'un qui tombe au cercueil (Antig. 10. 105) — Je vous supply laissez cette emprise douteuse Pour un qui ne vit plus (Antig. 57. 1613).

4) Zu merken iſt nod) ber Gebraud) von un, une für le (un) même, la (une) même (conf. Mätzner, Synt. I. 453: c'est tout un, Acad.) in ben Sätzen:

Nous sommes insolens des presens de Fortune, Comme s'elle denoit nous estre tousjours une (Corn. 89. 98) — Des hommes l'amitié doit estre tousjours une (Antoine 182. 980) — Ait Cesar la victoire … Ait mes enfans, ma vie au mal opiniâtre, Ce m'est tout un, pourueu qu'il n'ait ma Cleopatre (Antoine 180. 921).

C. Der Teilungsartikel.

I. Der Teilungsartikel kommt ſchon im Altfranz. vor, aller: bings äußerſt ſpärlich (Diez III. 46 — Mätzner 466). Seine eigentliche Entwicklungsgeſchichte beginnt erſt mit bem 15. Jahrh.

und reicht bis in die Mitte des 17. Erst von da an kann seine Syntax als vollständig ausgebildet betrachtet werden (Keding p. 1). Wie die älteren Autoren gegen die jetzt geltenden Regeln von der Anwendung des Teilungsart. verstoßen, zeigen Riese 46. 6 — Glauning (Marot) 9. g — Grosse 267. 4 — Glauning (Mont.) 172 — List 4. 1 — Haase 14. 1. — Hemme sagt hiezu p. 85 A u. 86. 2. a: „Bis auf Rabelais und Montaigne ist die Auslassung des Art. und gemeiniglich auch der Präp. „de“ das gewöhnliche.“ —

Garnier nun richtet sich, der Freiheit der älteren Sprache folgend, gar häufig noch nicht nach den jetzt geltenden Regeln. So setzt er keinen Teilungsartikel

1) Beim Nominativ:

Sembloit que fussent troncs, ou corps humains sans vie (Einleitung zu Porcie 6. 99) — et les bandes entieres Trebuchoyent plus espois que jauelles blatieres (Corn. 141. 1754) — Resolus à la mort, plus que Lionnes fieres (Les Ju. 123. 707).

2) Beim Accusativ:

Qu'en leurs meurtres sanglans, nos faces menteresses Portent publiquement indices de liesse. (Porcie 30. 496) — L'usage n'estoit point de bastir forteresses (Porcie 39. 735) — La campaigne fertile au lieu de ses moissons Ne rapportera plus que sauuages buissons, Que chardons espineux (Porcie 44. 898) — C'est à fin de trouuer compagnons en ennuy. (Porcie 56. 1286) — On ne voyoit qu'horreur, que soldars encombrez Sous le faix des cheuaux (Corn. 141. 1755) — Qui nouueaux regrets produit Et nouuelles pleurs engendre (La Tr. 89. 147) — Elle ne versera que mots injurieux (La Tr. 96. 372) — mais ce triste silence Me semble presagir incurables malheurs (Antig. 90. 2614) — tous moyens de recouurer viures leur estans ostez (Les Ju. 99. 23) — Hà, Monsienr, je vous prie ayez propos plus sains (Les Ju. 131. 929) — Cherche nouueaux tourmens (Les Ju. 150. 1499).

3) Nach Präpositionen:

Il emmaisonne desireux En ruches encirees Les Auettes dorees (Porcie 25. 301) — Tout se fait par destins (Porcie 31. 515) — acquerir un semblable renom Par faicts cheualeureux (Porcie 50. 1115) — Veu qu'ils n'irritent point par mesfaits comme nous... le celeste courroux (Hipp. 62. 1759) — pour obuier à nouuelles guerres (La Tr. 83. 7) — Qui marche auecques piez laineux (La Tr. 100. 495) — Pourquoy, Troyenne tourbe, auecques mains sanglantes Arrachez-vous ainsi vos tresses blondissantes? (La Tr. 102. 557) — Verray-je point le temps, que nos peuples espars Vous r'assemblez, leur Roy, dedans nouueaux rempars (La Tr. 105. 676) — O Pere que par noms diuers L'on inuoque par l'uniuers (Antig. 19. 403) — Les pleurs et les soupirs sont pour moindres douleurs (Les Ju. 163. 1886) — S'il n'estoit arresté par rempars defensables (Brad. 53. 1340).

4) Nach dem vergleichenden comme (ainsi que). Hier fehlt, im Anschluß an das-Altfranz. (Diez III. 37. 16), gar häufig nicht allein der Teilungsartikel a) sondern auch der bestimmte und unbestimmte Artikel b).

a) Qui comme Lions acharnez, S'entre-deschirent (Porcie 27. 371) — Ils forcerent son camp, et comme Loups gloutons Auidement entrez en un parc de moutons, Decoupoyent.. (Porcie 61. 1459) — Nos perruques... vont mouuant... comme ondes au gré du vent (La Tr. 90. 184) — Les bataillons serrez dans la plaine herissent Comme espics ondoyans (Antig. 23. 535) — les yeux leur estincellent Comme esclairs flamboyans (Antig. 23. 539) — En gloire ils paroistront sur les tourbes menues, Comme luisans Soleils qui escartent les nues. (Les Ju. 155. 1648) — courans De riuage en riuage, ainsi que gros torrens (Brad. 8. 36).

b) et lors, comme tempeste, Ils courent l'un sur l'autre (Corn. 139. 1669) — et la vague... comme foudre descend (Hipp. 70. 2022) — laquelle le nourrit

et eleva comme sien (Antig. 3.9) — Il porte, comme
oiseau le dos empenné d'aeles (Hipp. 31.775) — Bien-
heureux est celuy, qui ne sent dans ses veines, Comme
soulfre, boüillir les amoureuses peines (Hipp. 40.1066)
ses cheucux crespelez, Comme soye retorce en petits
aneletz, Luy blondissoyent la teste (Hipp. 51.1416).

5) Vor dem mit „tel“ verbundenen Substantiv:
Et qu'Octaue adouci En telles laschetez les
reçoiue à merci! (Porcie 45. 934) — ceux… Qui telles
miseres n'ont pas Que celles que j'endure (Antoine 163.
385) — Le paunre vigneron presagist par tels signes…
le malheur de ses vignes (Hipp. 71.2071) — Tels pro-
pos je luy tins son visage baisant (La Tr. 104. 627) —
Semblables soyent ceux-la qui tels Dieux vont suiuant
(Les Ju. 103. 83).

II. Mitunter wird der Teilungsartikel, wie in
der älteren Sprache (Diez III. 46) durch das bloße
„de“ ausgedrückt. (Das Gleiche ist der Fall bei Commines
(Stimming 198), bei Montaigne (Glauning 174), bei Rabelais
(Hemme 84), bei Voiture (List 4. 2) u. bei Pascal (Haase 15.3)).

Les appellans craintifs, qui se donnoyent de garde
D'aduenturer au fer leur poitrine coüarde (Porcie 62.
1489) — Rien que d'effroy, d'horreur on ne voit
entre nous (Antoine 160.263) — Qui fournira de pleurs
à nos. yeux tarrissans? Qui fournira de force à nos
corps languissans? (Les Ju. 169. 2069. 2070).

D. Zusatz.

„Wenn das Substantiv“, sagt Diez III. 31, „sei es ab-
stract oder concret, sich mit dem Verbum zu einer Einheit des
Begriffes verbindet, so kommt ihm kein Artikel zu. Hieher ge-
hört eine unerschöpfliche Menge meist althergebrachter Redensarten.“
Hemme führt p. 98 diesen Gedanken in trefflicher Weise weiter
aus. — Gleich Montaigne (Glauning 168) gebraucht auch
Garnier viele solcher Redensarten, bei denen entweder der
bestimmte oder der unbestimmte, oder auch der Teilungsartikel

fehlt. — Daß derartige Ausdrücke im 16. Jahrhundert viel häufiger waren als heute, erwähnt auch Darmesteter p. 254. § 145. — Von den vielen Beispielen bei Garnier mögen nur folgende Erwähnung finden:

Porcie: 23.242: auoir sentiment — 29. 452: faire offense — 35. 599: auoir souci - 46. 959: prendre sollicitude — 46. 971: auoir cure — 46. 979: meiner guerre — 53. 1195: faire guerre — 56. 1284: apporter nuissance — 60. 1423: prendre coeur — 67. 1656: auoir pouuoir — 69. 1730: auoir cognoissance — 70. 1763: faire offrande — 76. 1925: donner tesmoignage.

Cornelie: 86. 38: auoir occasion — 88. 54: donner crainte — 90. 102: donner victoire — 99. 448: prendre souci — 101. 497: prendre fin — 105. 633: auoir vouloir — 124. 1221: prendre volonté.

Antoine: 147. 3: donner hardiesse — 150. 15: prendre occasion — 157. 42: auoir constance — 185. 1098: faire horreur — 196 1460: prendre cure.

Hipp.: 11.73: aimer justice — 14. 192: retourner visage — 14. 193: donner menace — 25. 548: receuoir blâme — 47. 1318: faire refus — 48. 1336: auoir desir — 54. 1523: faire priere — 58. 1658: perdre temps — 59. 1661: prendre joye — 61. 1725: endurer violence — 63. 1782: prendre contentement.

La Troade: 84. 35: prendre resolution — 84. 37: trouuer façon — 88. 105: auoir faute — 93. 291: faire don — 118. 1044: faire refus — 119. 1097: faire exercice — 133. 1543: perdre temps — 160. 2415: auoir souuenance.

Les Juifues: 102.29: donner voye — 109. 270: donner tache — 128.876: auoir repentance — 139. 1184: donner repos — 153. 1595: donner louange — 158. 1731: auoir memoire.

Bradamante: 2. 9: accorder mariage — 13. 139: meriter louange — 28. 604: donner terreur — 37. 871: tenir promesse — 41. 972: faulser promesse — 52. 1316: determiner jour.

Subſtantiv

(Geſchlecht.)

Im 16. Jahrhundert gab es eine Reihe von Subſtantiven, deren Geſchlecht mit dem heutigen entweder gar nicht überein=ſtimmte, oder die willkürlich bald als Maskulina bald als Feminina gebraucht wurden (Darmest. 246. ff. — Riese 42). — Bei Garnier ſind folgende anzumerken:

1) **affaire**, jetzt fem., wirb bei Garnier bald als masc. a) bald als fem. b) gebraucht (Ebenſo bei Montaigne (Glauning 327 und 328). das urſprüngliche Genus iſt das masc.):

a) des affaires mondains (Porcie 35. 619) — aux affaires douteux (Corn. 106. 651) — Les affaires humains (Corn. 120. 1082) — Les affaires guerriers (Antoine 186. 1118.) — En un affaire tel (Antig. 54. 1549) — C'est un fascheux affaire (Les Ju. 126. 808) — quel nouuel affaire (Les Ju. 153. 1599) — tout l'affaire (Brad. 51. 1263).

Beiſpiele von anderen Autoren, bei denen affaire als masc. gebraucht wirb, citiert auch Darmesteter p. 246.

b) des affaires Polonoises (Corn. 80. 38) — aux affaires mondaines (Antoine 166. 472).

2) **aise**, jetzt nur fem.; bei Garnier, wie ſonſt manchmal im 16. Jahrhundert (Darmest. 246), masc. in dem Satze: Et quel aise à celuy que tout le monde craint? (Antoine 198. 1506).

3) **amour** „war urſprünglich fem., wie alle, vom latei=niſchen masc. auf or, oris kommende Wörter" (Darmest. 246). Jetzt iſt es im sing. masc. und bisweilen fem.; im plur. meiſt fem. (Mätzner 119). Garnier kennt dieſen Unterſchieb nicht, ſondern gebraucht das Wort willkürlich bald als masc. a) bald als fem. b), ſowohl im sing. als im plur.:

a) l'amour promis (Corn. 94. 272) — faux amours (Antoine 160. 247) — d'un amour conjugal (Antoine 170. 590) — mon cruel amour (Hipp. 34. 844) — Le naturel amour (La Tr. 112. 868) — un semblable amour (Brad. 20. 383).

b) mon amour trompee (Corn. 94. 263) — Toute autre amour (Corn. 121. 1127) — De sa meurtriere amour (Antoine 157. 140) — une amour desloyale (Antoine 164. 400) — nos saintes amours (Antoine 173. 658) — l'amour maternelle (La Tr. 107. 716) — d'une amour desbordee (Antig. 69. 1948) — la seule amour (Brad. 14. 205).

4) colere *(χολέρα)* ift jeßt nur fem.; bei Garnier balb masc. a), balb fem. b):

a) le colere jaloux (Corn. 140. 1723) — ton cholere (Corn. 144. 1863) — du colere (Antoine 186. 1114). — un colere (Hipp. 68. 1958 u. 1959) — Le colere d'Achille (La Tr. 128. 1400) — le colere d'un Roy (Antig. 60. 1735) — son colere (Les Ju. 170. 2115).

b) Je ne redoute point d'un Tyran la colere (Corn. 116. 967).

5) comete, jeßt fem., wurde im 16. Jahrh. als masc. gebraucht (Sachs), und blieb auch bis zum Ende des 17. Jahrh. bei einigen Schriftstellern masc. (Darmest. 246).

un Comete crineux (Einleitung zur Porcie 5. 42). Les Cometes flambans (Antoine 161. 301).

6) estude (studium) gebraucht Garnier wie Montaigne (Glaun. 328) als masc.:

d'un si constant estude (Porcie 46. 957).

7) foudre ift jeßt fem. im gewöhnlichen, masc. im höheren Stile, bei Perfonififationen (Mätzner 119). Bei Garnier ift es ohne Unterfchied balb masc. a), balb fem. b):

a) le foudre (Porcie 22. 173) — d'un foudre (Corn. 139. 1661) — de vains foudres (Antoine 160. 248) — un foudre aigu (Antoine 164. 393) — d'un foudre sonnant (Hipp. 27. 627) — ton foudre craint (La Tr. 133. 1542) — ton foudre (Brad. 47. 1147).

Beifpiele für das masc. von anderen Autoren citiert Darmest. p. 248.

b) ta foudre (Hipp. 62. 1756) — La foudre (Hipp. 78. 2330) — l'orageuse foudre (Antig. 38. 1012).

8) image (imago) ift jeßt nur fem.; bei Garnier aber balb masc. a), balb fem. b):

a) Par leurs images saincts (Corn. 121. 1110) — mon grand image faux (Antoine 212. 1958) — ton image faux (La Tr. 102. 555).

Auch Montaigne gebraucht dieses Subſtantiv als masc. (Glaun. 328). — Beiſpiele für das masc. von anderen Autoren citiert auch Darmest. 249.

b) une image (Hipp. 15. 237).

9) L o i r e (Liger m.) iſt jetzt fem.; bei Garnier aber masc. in dem Satze: Les Gaulois qui jadis venoyent au Tybre boire, Ont veu boire sous moy les Romains dans le Loire (Corn. 128. 1342).

10) m e n s o n g e iſt jetzt masc. und nur in der Sprache des gemeinen Volkes fem. (Sachs). Bei Garnier iſt es fem. in dem Satze: La prerogatiue que la verité prend sur la mensonge (Les Ju. 96. 34).

Auch Montaigne gebraucht das Wort nicht bloß als masc., ſondern auch als fem. (Glaun. 328).

11) n a v i r e iſt jetzt gewöhnlich masc., aber mehr altertümlich auch fem. (Mätzner 119). Garnier gebraucht es ebenfalls als fem.:

la nauire Troyenne (La Tr. 88. 129) — Guides des nauires poissees (La Tr. 121. 1140).

Beiſpiele für das fem. von anderen Autoren citiert auch Darmest. p. 249.

12) o e u u r e iſt jetzt gewöhnlich fem.; im sing. auch bisweilen masc. (Mätzner 119). Garnier gebraucht es als masc., wie auch andere Autoren dieſer Periode (Darmest. 249):

un oeuure saint (Antig. 64. 1843) — Dieu mesme ne sçauroit, bien que tout il modere, faire qu'un oeuure faict soit encores à faire (Antig. 91. 2645).

13) o r g i e iſt jetzt fem.; bei Garnier masc. in:

Elles vont au haut de Cythere, faire l'Orgie accoustumé (Hipp. 55. 1562).

14) o u t r a g e, jetzt nur masc., bei Garnier fem. in:

Il a vengé l'outrage à nos ancestres faitte (Corn. 123. 1179).

15) **r a n c u e u r** jeßt fem.; bei Garnier balb masc. a), balb fem b).

a) le rancueur des Dieux (Antoine 207. 1799) — bien du rancoeur (La Tr. 164. 2519) — ce rancoeur (Antig. 31. 840) — la rage et le rancoeur (Antig. 39. 1071).

b) la seule ennieuse rancoeur (Corn. 133. 1503) — la rancoeur (Hipp. 64. 1831) — D'outrageuse rancueur (La Tr. 145. 1911) — sa vieille rancoeur (Antig. 42. 1183) — la rancoeur (Les Ju. 137. 1126).

16) **r o c h e** (rocca) jeßt nur fem.; bei Garnier masc. in: ils grauirent à trauers les roches prochains (Hipp. 6. 30).

17) **V e s p e r** jeßt masc.; bei Garnier fem. in: la brune Vesper (Antig. 10. 94).

18) **v o i l e** ift jeßt masc. in der Bedeutung „Schleier", aber fem. in der Bedeutung „Segel". — Garnier kennt diesen Unterschied nicht, sondern gebraucht das Wort immer als masc.: Ton mas est tout brisé, tes voiles (Segel) abatus (Corn. 89. 79) — A pleins voiles (Segel) (Antoine 196. 1469) — son grand voile (Schleier) estoilé (Antoine 196. 1475) — leurs voiles (Segel) noirs (Hipp. 11. 69). — Quand la nuict tend son voile (Schleier) (Hipp. 41. 1103).

Adjectiv.

I. In der **Bildung des Femininums** stimmt Garnier bei einigen Adjectiven nicht immer mit dem jeßigen Sprach= gebrauche überein. Namentlich ist zu beachten, daß verschiedene Adjectiva auf „eur", welche von lateinischen Verben stammen, ihr fem. nicht, wie heutzutage, auf „euse", sondern auf „eresse" bilden.

1) **g r a n d** findet sich noch in seiner alten, geschlechtslosen Form vor, wie dies jeßt nur mehr in gewissen Verbindungen

vorkommt (Mätzner 128), und zwar mit und ohne irrtümlich gesetzten Apostroph. (Genau dasselbe ist der Fall bei Montaigne (Glaun. 328)):

une grand' creste (Porcie 40. 768) — les coups de ma grand' coutelace (Porcie 51. 1128) — j'ay grand peur (Porcie 62. 1474).

Daneben findet sich aber auch das heute gebräuchliche fem. grande, z. B. une grande puissance (Porcie 56. 1296).

2) trompeur bildet tromperesse:
combien est tromperesse la faueur (Porcie 28. 403) — l'ombre disparuë me frauda tromperesse (Corn. 108.-705).

3) menteur bildet menteresse:
nos faces menteresses (Porcie 30. 495).

4) flateur hat flateresse: Ores nous les voyons par tourbes flateresses (Porcie 41. 812).

5) vainqueur, vainqueresse: De nos vainqueresses espees (Porcie 58. 1367) — La suitte des temps vainqueresse L'assujettira sous les Rois (Corn. 104. 593).

6) domteur, domteresse: Sa masse domteresse aux soliues pendoit (Antoine 189. 1222).

7) chasseur, chasseresse kommt jetzt in dieser Form nur poetisch und fast nur mit Diane verbunden vor (Sachs): Nostre chasseresse entreprise (Hipp. 17. 302).

8) autheur, authrice: son authrice (Hipp. 56. 1609) — authrice malheureuse D'un esclandre si grand (Hipp. 66. 1885).

II. Der Unterschied in der Bedeutung zwischen étrange und étranger war bei Garnier in sofern noch nicht vorhanden, als étrange ohne weiters auch für étranger gesetzt wird. (Auch bei Lafontaine ist étrange = étranger (Sachs)): C'est aux estranges regions, Qu'il fait bon pour les legions (Porcie 58. 1353) — nos guerrieres phalanges Ne vont en quelques lieux lointains Combatre les peuples estranges (Porcie 59. 1407).

Dagegen: miseres sur miseres Te feront renommer aux terres estrangeres (Porcie 73. 1829).

III. Das Abjectiv in Concurrenz mit dem Adverb.

„In einzelnen Fällen berührt sich das Adverb mit dem Abjectiv, oder eine attributive Bestimmung tritt an die Stelle des Adverbs. Die attributive Bestimmung erscheint alsdann als die eines Subjects oder Objects im Satze statt der Bestimmung des Thätigkeitsbegriffes durch das Adverb", sagt Mätzner p. 437. — Der gleiche Gedanke ist bei Diez III. 9 auseinandergesetzt. — Grosse führt p. 287 D ebenfalls mehrere Abjectiva an, welche bei Calvin adverbial gebraucht werden. — Diese Vertretung des Adverbs durch das Abjectiv kommt bei Garnier in zahlreichen Beispielen vor:

a) Das Abjectiv stimmt mit dem Substantiv in Geschlecht und Zahl überein:

Porcie: 17. 14: la premiere querelle... dure perpe-tuelle — 20. 126: l'arene, Qui vogue perilleuse aux deserts de Cyrene — 40. 784: ceste ambition.. Nous fait.. Conuoiteux aspirer aux grandeurs Emperieres — 41. 838: un Tygre ireux, Qui court opiniastre apres un Cerf peureux.

Cornelie: 95. 294: Il sera tout soudain couuert d'adversitez — 139. 1678: Les bataillons... Se cho-quent furieux.

Hipp.: 12. 107: Tourment, qui te joindra plus estroit qu'un lierre — 64. 1810: Tu ne sçaurois fuir les vengeresses peines De ton impieté, qui te suiuront soudaines.

La Tr.: 88. 127: Nous (= les femmes Troyennes) auons continuelles Depuis espandu des pleurs —

Antig.: 23. 562: J'iray j'iray soudaine (sagt Jokaste) — 25. 627: Depuis les monstres cruels Y naissent continuelles.

Les Ju.: 146. 1395: Il (= Dieu) deteste le vice, et le punist seuere.

Brad.: 33. 746: Si prompt vous ne m'eussiez tiré d'entre les fers — 66. 1670: Et durent eternels vos faicts cheualeureux.

3*

b) Das Adjectiv kongruiert nicht mit dem Sub=
stantiv:

Porcie: 23. 218: deuant que des Enfers Je (= Porcie)
veisse pallissant les abysmes ouuers.

Corn.: 141. 1754: et les bandes entieres Trebuchoyent
plus espois que jauelles blatieres.

Antoine: 213. 1970: Je (= Cleopatre) mourrois tout
soudain.

La Tr.: 146. 1943: Et bref vous ne verrez une seule
partie Qui-n'ait les os broyez plus menu que le
grain Qu'on farine au moulin pour le tourner en pain.

IV. Über die Stellung der Adjectiva siehe die
Wortstellung!

Pronomen.

A. Personale.

I. In der älteren Sprache und zwar bis in's 16. Jahrh.
hinein war das verbundene persönliche Fürwort als
Subject entbehrlich. (Diez III. 303 u. 304 — Mätzner
304. 89 — Mätzner, Synt. I. 20 — Riese 46 u. 47 —
Glauning (Marot) 11 — Glauning (Mont. 181) — Grosse
269 — Darmest. 263 u. 264). — Daß diese Auslassung des
persönl. Pron. als Subject auch noch im 17. Jahrh. vorkam,
beweisen List 4 und Haase 42. — Gessner I. p. 13 sagt
über diesen Punkt Folgendes: „Es ist dies ein Rest des früheren
Sprachgebrauches, der hier mit der größten Freiheit schaltete
und sich des Fürwortes, wenn dieses nicht des Nachdruckes oder
der Deutlichkeit wegen erforderlich schien, ohne weiters entledigte.
Bis in's 16. Jahrhundert hinein ist diese Auslassung überaus
gewöhnlich; von da an wird sie seltener, doch findet sie sich
auch noch später, besonders bei den Schriftstellern, die, wie
Lafontaine, Archaismen lieben." — Auch Hilmer konstatiert

p. 15 die Thatsache, daß das Alt= und Mittelfranz. die persönl. Pronomina als Subject entbehren konnte, und gibt dann p. 16 verschiedene Beispiele hiefür aus dem Altfranz. an.

Bei Garnier kommt diese Unterdrückung des persönlichen Fürwortes als Subject sehr häufig vor und zwar nicht allein

a) beim neutralen il, welches im Altfranz. gerade so behandelt wurde, wie die übrigen persönl. Fürwörter (Gessner I. 14), sondern auch

b) in der 1., 2. und 3. Person sing. und plur. des persönlichen Pronomens.

a) et ne reste aujourdhuy Sinon tant seulement quelque cendre de luy (Porcie 41. 801) — Ains bien sonnent aduient, que... (Porcie 47. 1009) — et n'y a si grand Roy Qui... (Corn. 128. 1331) — Aussi ne vous faut pas... souiller vostre victoire (Antoine 199. 1524) — desja me semble voir Cette petite enfance (Antoine 208. 1822) — Que si fauoriser te chant Nostre chasseresse entreprise (Hipp. 17. 301) — Vous conuient efforcer que.. (Hipp. 48. 1328) — et me plaist de mourir (Hipp. 75. 2221) — Tousjours nous semblera que le malheur renaisse (La Tr. 108. 761) — mon corps, lequel faudra qu'il perce (Antig. 27. 698) — Là vaudra beaucoup mieux vos forces employer (Antig. 32. 884) — et pourroit estre aussi Qu'il se nourrist d'espoir (Les Ju. 108. 241) — Et qu' adeulez nous souuienne... Des innombrables bienfaits (Les Ju. 128. 859) — Encore, mon ami, faudroit premier entendre (Brad. 15. 244) — dy luy Que je veux et me plaist qu'il l'espouse aujourdhuy (Brad. 18. 327) — J'iray quand vous plaira (Brad. 34. 759).

b) 1. Auslassung der 1. Person sing.:

Et crains que... il en renaisse (Porcie 34. 571) — Et auray atteint le but de mon intention (Corn. 80. 19) — Et suis bien seur, que.. (Corn. 80. 37) — et vous supply me croire (Antoine 199. 1524) — Et croy que Jupiter sur les lieux ne commande (Antig. 34. 922) — On me l'a dit, mon pere, et en porte un grand dueil (Antig. 70. 1962) — C'est peu de chose à vray-dire, et le reconnois ainsi (Les Ju. 96. 40) — Helas! si ay bien moy (Les Ju. 152. 1590) — Mais le pais natal ha ne sçay quelle force, Et ne sçay quel appas (Brad. 28. 584 u. 585) — Mon sang et sens se trouble et ne suis plus à moy (Brad. 33. 733) — Bradamante est mon ame, et ne crains de mourir (Brad. 37. 865).

2) Auslaffung ber 2. Perfon sing.:

Et si ... Les Dieux n'appaises courroucez, Ton malheur croistra d'auantage (Corn. 91. 157) — tu ne sçaurois tant faire Qu'evites de ton mal le merité salaire (Hipp. 64. 1818) — De peur que ... ne luy verses au sein Une eternelle repentance (Hipp. 67. 1945) — La tienne as immolé (La Tr. 131. 1479) — Quand ... celebres au son des tabours Tes hauts mysteres inconnus (Antig. 19. 421) — A fin que ... Le peusses reconnoistre et que ... preuinsses tes malheurs (Les Ju. 102. 47 u. 48) — et d'une main brigande As couru l'Assyrie (Les Ju. 149. 1488).

3) Auslaffung ber 3. Perfon sing.:

Quelquefois ... s'endort Sous la tendre feuillee (Porcie 25. 316) — puis espousa en secondes nopces Pompee le Grand (Corn. 85. 5) — Puis enuoya luy dire qu'elle estoit morte (Antoine 151. 35) — Celuy n'est plaint d'aucun qui obstiné ne veut Euiter son malheur, quand euiter le peut (Hipp. 22. 490) — Et pour effectuer son dessein, trouue façon de l'attirer finement à soy (La Tr. 84. 37) — L'introduit seul auec ses deux enfans en sa tente (La Tr. 84. 41) — Quand elle eut ... ploré .. fist ses effusions (Antig. 62. 1788) — Ore est humide ... Ore a trop de froideur (Les Ju. 160. 1795) — Se baigne au sang du peuple Israëlite (Les Ju. 161. 1825) — part secrettement de la Cour (Brad. 3. 19) — Et peut estre en cela ne me voudroit desplaire (Brad. 18. 329) — Et se tueroit possible auec le mesme brand (Brad. 41. 982).

4) Auslaffung ber 1. Perfon plur.:

Et d'autant estimons nostre fortune pire que .. (Corn. 89. 93) — Autrement ne deuons pour la crainte d'un mal Deuider le fuseau de nostre jour fatal (Corn. 102. 525)

— Nous moderant de sorte en la prosperité Que ne soyons troublez d'une infelicité (Antoine 182. 991) — Quelque accident manuais, que n'ayons peu prenoir (Hipp. 22. 498) — Et ne commandons pas seulement à nous mesmes (La Tr. 105. 682) — Là... enleuons la pucelle, et la portons.. (La Tr. 155. 2257) — Car plus il nous cleue et plus cherrons de haut (Les Ju. 131. 942) — Puis irons au chasteau pour nos nopces parfaire (Brad. 62. 1540).

5) Auslaffung der 2. Perſon plur.:
Au seruile malheur où nous auez reduits (Corn. 111. 810) — Ore Dieux Afriquains, ore est venu le temps Que de nous reuengez deuez estre contans (Corn. 145. 1888) — Helas! je ne dy pas que sans peine soyez (Les Ju. 121. 658).

6) Auslaffung der 3. Perſon plur.:
Aux uns la cuisse estoit, ou l'espaule abbattue, Ou se tiroyent du corps une fleche pointuë (Corn. 142. 1766) — où furent saisis et arrestez par les satellites de Pluton (Hipp. 6. 9) — Et comme peu de temps auecques nous sejournent (Les Ju. 120. 623) — Retournez de la chasse le prient unanimement d'estre leur Roy (Brad. 3. 36).

Um die häufige Auslaſſung des perſönlichen Pronomens als Subjekt auch durch Zahlen belegen zu können, wurde ſpeziell bei La Troade und Les Juifues eine genauere Unter-ſuchung angeſtellt, welche folgendes Reſultat ergab:

In „La Troade" fehlt das Pronomen der 1. Perſon 10 mal; das der 2. 14 mal und das der 3. auch 14 mal.

In „Les Juifues" fehlt das Pronomen der 1. Perſon 9 mal; das der 2. 9 mal und das der 3. 36 mal.

II. Auf dieſe Auslaſſung gründet ſich jedenfalls die Nicht-wiederholung ſowohl der Objects= a) als auch der Subjectspronomina b), welche in der älteren Sprache mehr geſtattet war, als heute. (Diez III. 418 — Auch bei Voiture (List 5. 3) und Pascal (Haase 43. 2) werden die perſönl. Fürwörter oft nicht wiederholt. — Die Wiederholung und Nichtwiederholung der perſönl. Pronomina als Subject ſowohl, als auch als Object im Altfranz: behandelt Klatt in eingehender Weise p. 2—11, und kommt im Allgemeinen zu dem. Resultat, daß beim persönl. Fürwort als Subject die Nichtwiederholung vorherrscht nach den beiordnenden Conjunktionen et, ne, ou und si, während nach den unterordnenden Conjunktionen die Wiederholung erforderlich ist. Hinsichtlich der Wiederholung oder Auslassung des persönlichen Fürwortes als Object lassen sich eben so viele Beispiele für erstere, als für letztere anführen.)

a) Les poussoit, enflamboit, les emplissoit d' horreur (Corn. 141. 1735) — aura-ton le soucy De m'embarquer vieillotte et enleuer d'icy? (La Tr. 94. 312) — Et nous emmeneront dans leurs nauires caues Pour nous vendre, ou tenir en leurs maisons, esclaues (La Tr. 104. 614) — Qui Telephe a contraint... De nous ouurir sa terre et octroyer passage (La Tr. 128. 1382).

b) Nous t'auons offencé de crimes execrables, Et connoissons combien nous sommes punissables (Les Ju 101. 10) — Mais tu as mesprisé ces menaces prophetes, Et m'as voulu meurtrir (Les Ju. 102. 50).

III. Zu merken ist die Auslassung des neutralen „le" als Prädikat, die im Altfranz. überaus häufig vorkam. (Gessner I. 18 — Auch bei Calvin findet sich diese Auslassung (Grosse 269. 2), ebenso bei Voiture (List 5. 2) und bei Pascal (Haase 44. 4 und 45 Anm. 1)).

Ils sont touchez d'amour aussi bien que nous sommes (Hipp. 23. 511) — Nos peuples sont destruits. Leurs peuples sont ainsi. (La Tr. 96. 367) — Fourmillant plus espais pour reuanger nos torts, Que ne sont les espics aux Gargariques bords (La Tr. 153. 2206) — Eteocle est donc mort? Aussi est Polynice (Antig. 37. 1000).

Dagegen: Mon Hector est occis. Achile l'est aussi (La Tr. 96. 368).

IV. Sehr gebräuchlich ist in der modernen Sprache die Wiederholung des Subjects durch persönliche Fürwörter in Fragesätzen. (Mätzner 303). Garnier beobachtet diese Regel noch nicht immer:

Hé pauurette! pourquoy ses ciseaux meurtrissans
Ne trancherent soudain alors que tu fus nec, Le mal-
heureux filet qui tient ta destinee? (Porcie 23. 215) —
Miserable, et pourquoy mon enfance engloutie Ne me
fut..? Que les Dragons grifus.. Ne vindrent demembrer..
Mon corps? (Porcie 68. 1678) — Quoy? ce fameux Al-
cide... Ne ploya sous le faix de cette volupté? De cette
passion ne se veit pas domté? (Antoine 189. 1214 und
1215) — Le vent ne souffle à gré?... Les soldats espan-
dus ne sont tous ramassez? (La Tr. 108. 750 u. 751) —
La mort ne mettra fin au mal que nous portons? (La
Tr. 126. 1322) — Helas! pourquoy ma fille? assez l'Erebe
noir de mes enfans n'enferme en son triste manoir? Le
sang de mes enfans n'a teint assez la terre? Mes enfans
n'ont assez empourpré ceste guerre? (La Tr. 134. 1555
—1558).

Dagegen: Miserable Porcie, hé que la dure Parque
Ne te renuoya-t-elle en l'infernale barque? (Porcie 23.
212) — pourquoy ma longue vie Ne fust-elle plustost
de ce monde rauie? Qu'une soudaine mort ne me print
elle alors...? (Porcie 68. 1675 u. 76) — Quoy? le pauure
Priam... ne luy doit-il suffire? (La Tr. 134. 1562).

V. Wenn das Relativpronomen „qui" substan-
tivischer Natur ist, so wird durch das Pronomen
„il" im Nachsatz oft darauf zurückgewiesen. (Diez III.
374 — Mätzner, Synt. I. 31 — Das Gleiche findet sich öfters
auch bei Calvin (Grosse 270) und Pascal (Haase 43. 3. b)).
Bei Garnier sind folgende Beispiele anzuführen:
Qui promet quelque chose, i l y doit satisfaire (Hipp.
24. 544) — Mais qui veut ressortir de la salle profonde,
Pour reuoir derechef la clairté de ce monde, En vain i l
se trauaille, il se tourmente en vain (Hipp. 26. 581) —
Qui froidement demande à quelqu'un, i l l'aduise De luy
faire refus de la chose requise (Hipp. 47. 1317) — Qui
remet son injure i l se rend mesprisable (Les Ju. 129. 904).

VI. Das Reflexivpronomen „soi" wird jetzt im
Allgemeinen angewendet, wenn das Subject, worauf es bezogen

wird, den Charakter der Allgemeinheit oder Unbestimmtheit hat;
dagegen tritt für soi das absolute Pronom. pers. in der 3. Person
ein, wenn das Subject bestimmte Individuen in der Einzahl
oder Mehrzahl begreift (Mätzner 393 — Mätzner, Synt. I.
256 u. 257). Im Altfranz. wurde in ganz unumschränkter
Weise „soi" für „lui" ꝛc. gebraucht, und noch im 16. Jahrh.
tritt es für bestimmt angegebene Personen ein. Auch im 17. Jahrh.
finden sich viele Beispiele der früheren Freiheit und selbst mo=
derne Autoren verwenden gar häufig soi in Beziehung auf be=
stimmte Personen. (Diez III. 62 — Riese 84. 7 — Grosse
271. 6 — Glauning (Montaigne) 180 — List 6. 4 —
Haase 49. 10 — Gessner I. 12). — Auch Garnier kennt
den angegebenen Unterschied noch nicht und setzt willkürlich bald
s o i a), bald das persönliche Fürwort in der absoluten
Form b).

a) Il (= Jupiter) ha peur pour s o y m e s m e (Porcie
19. 95) — la Sicile: où trainant auec s o y Sa bande
fugitiue il (= Pompee) s'authorise Roy (Porcie 55. 1269)
— Puis ayant à par s o y sa mort determinee, Languis-
sante (Porcie) s'assied pres de la cheminee (Porcie 75.
1900) — il (= Pompee) l'alla retrouuer pour l'amener
auec s o y en Egypte (Corn. 85. 10) — De vostre bon
mari, qui vous prise et honore, Vous aime et vous cherist
plus que s o y m e s m e encore (Hipp. 24. 540) — Nul de
tous les Gregeois ne m'affecte pour s o y (La Tr. 88. 116)
— Pluton.. te conduira chez s o y (La Tr. 162. 2458) —
Qui n'a par tout le monde homme pareil à s o y (Brad.
62. 1558) — Tel est ce preux Roger, qui n'ayant rien
à s o y.. (Brad. 64. 1609).

b) Car la froideur rebelle Ha sa douceur en e l l e
(Porcie 26. 330) — Elle tourne et retourne en e l l e
Mainte mensongere cautelle (Hipp. 55. 1571) — Priam
est bien-heureux, qui... a veu trebucher son royaume
auec l u y. (La Tr. 92. 264) — Hecube... m'a vers e l l e
attiré d'une faulse esperance (La Tr. 165. 2567).

VII. Im Altfranz. vertritt der Genitiv des persön=
lichen Pronomens gar oft das Pronom. possess.,

ein Gebrauch, der im 16. Jahrh. noch nicht erloschen ist (Diez III. 70 — Mätzner 476. 1 — Gessner I. 23. 5. — Bei Froissart kommt diese Vertretung noch ziemlich oft vor (Riese 48. 8); ebenso bei Marot (Glaun. 13); sehr selten dagegen bei Calvin (Grosse 272. 2) und vereinzelt auch noch bei Pascal (Haase 51)). — Garnier ist mit diesem Gebrauch des persönlichen Pronomens vollständig vertraut:

Nous tuasmes Cesar pour n'auoir point de Roy, Mais au meurtre de luy nous en auons faict trois (Porcie 33. 570) — Puis-je encore suruiure apres le trespas d'eux? (Corn. 94. 250) — Vostre los merité s'est accreu de la honte D'eux? (Corn. 129. 1386) — Et changeassent leur nom au nom de moy Egee (Hipp. 11. 72) — Il faut... qu'aux Ombres de luy Pyrrhe espouser la meine, et l'immole aujourdhuy. (La Tr. 132. 1523). — helas! auquel des deux Ma faueur donneray-je, estant la mere d'eux? (Antig. 22. 521) — Pardonnant aux veincus on gaigne le coeur d'eux (Les Ju. 130. 905) — Que l'exemple de nous vous apporte terreur (Les Ju. 142. 1282) — une palleur mortelle L'amaigrissant, déteint toute la beauté d'elle (Brad. 70. 1794).

VIII. Auch der Dativ des verbundenen persönlichen Pronomens findet sich bei Garnier. Es soll in diesem Falle nicht so fast der Besitz hervorgehoben werden, oder der Stand einer Person an und für sich, sondern vielmehr ein Freundschafts- oder Dienstverhältnis, Abneigung oder Zuneigung. (Diez III. 71. — Es erinnert dieser Gebrauch an die englische und deutsche Ausdrucksweise; z. B. He is a friend to him — Ich will Dir Freund und Ratgeber sein!). — Sechs diesbezügliche Beispiele sind mir bei Garnier aufgefallen:

Tant que Brute viuant luy seroit ennemy. (Porcie 65. 1595) — Ainsi je plaindray seule en l'ombreuse campagne, Et, comme j'esperois, ne te seray compagne (Antoine 164. 416) — Je vous seray compagne en bon et mauuais sort (Antig. 9. 56) — j'ay suiui les sentiers Des Rois, qui reprouuez m'ont esté deuanciers (Les Ju. 142. 1294) — Ne leur estoy-je pas successeur legitime? (Les

Ju. 147. 1439) — Vous voyant pour mary le fils d'un Empereur (Brad. 28. 603).

IX. Der Gebrauch der 3. Person des absoluten Personalpronomens als Subject ohne Wiederholung durch das verbundene wird in der modernen Sprache gestattet. Seltener kommt das unverbundene Fürwort in der 1. u. 2. Person allein als Subject vor. (Mätzner 299 — Mätzner, Synt. I. 16.) Früher genügte das einmal gesetzte Pronomen (Gessner I. 10). Bei Garnier finden sich für letzteren Fall auch einige Beispiele. (Haase weist ebenfalls p. 48. 9 durch Beispiele nach, daß auch bei Pascal das Sub= jectspronomen, wenn es von dem Verbum durch einen Relativ= satz getrennt ist, oft nicht durch das entsprechende verbundene Fürwort wiederholt wird, was auch bei Montaigne (Glaun. 182) häufig vorkommt.) Die Beispiele bei Garnier sind:

Toy seule, Cleopatre, as trionfé de moy, Toy seule as ma franchise asseruy sous ta loy, Toy seule m'as vaincu, m'as domté (Antoine 154. 31—33) — Im= molant à un Dieu, que toy mesme t'es fait. (Les Ju. 103. 76) — Nous mesmes de nos maux sommes cause (Les Ju. 135. 1054) — Toy qui le temple saint de nostre Dieu supreme As cruel profané... prendras homme sanglant, La figure d'un boeuf pasturant et bug·, lant (Les Ju. 171. 2149) — Et tu l'ignores seul, cela toy seul ne sçais (Brad. 48. 1195).

X. Zwei Beispiele sind anzumerken, wo Garnier, dem altfranz. Sprachgebrauche folgend, bei parler das absol. Pron. statt des verbundenen setzt; ein Gebrauch, der sich bis in's 18. Jahrh. erhielt (Haase 48. 9 — Grosse 271):

Madame et voulez-vous succomber au malheur? helas! parlez à nous (Antoine 209. 1871) — Je vay parler à elle (Brad. 16. 270).

XI. In Betreff der Stellung der persönlichen Pronom., namentlich beim bejahenden Imperativ, siehe die Wortstellung!

B. Poffeffivum.

I. Der Unterfchied zwifchen den fogen. verbundenen und unverbundenen poss. Pron. tritt im Altfranz. in foweit noch nicht hervor, als auch die jetzt unverbunden gebrauchten Für: wörter zum Subftantiv gefetzt werden (Mätzner 146. b — Gessner I. 21). Diefe Verbindung der jetzt allgemein als abfolut gebrauchten poss. Pron. mit dem Subftantiv findet fich bis in's 17. Jahrh. hinein, wie Riese 49. 9 — Glauning (Marot) 12. 2 — Glaun. (Mont.) 183 — Grosse 271. 1 — Darmest. 264 u. 265 und List 6. 1 nachweifen. Heute hat fich diefer Gebrauch nur noch im leichteren und fcherzhaften Stil erhalten. (Mätzner 146). — Garnier bringt noch häufig die fchweren Formen mien, tien u. f. w. mit dem beftimmten Artifel a), mit dem unbeft. Art. b), mit ce c) und mit dem unbeftimmten Pron. quelque d), dem Altfranz. folgend (Diez III. 68 u. 69 — Mätzner 146), in Verbindung mit dem Subftantiv:

a) pensant qu'il pourra bien S'esleuer aussi grand comme le pere sien (Porcie 55. 1278) — O Ame va- leureuse! et bien tost l'ame mienne N'ira voir comme vous la riue Elysienne? (Corn. 108. 707) — Pour auoir esté le bourreau D'Itys la race sienne (Antoine 162. 338) — Bien que je n'en sois cause, ains l'arrogance sienne (Antoine 204. 1692) — Neptune .. M'a promis ... M'octroyer par trois fois, trois des demandes miennes (Hipp. 64. 1826) — Polynice ... A faict armer, banny, pour la querelle sienne, Les Gregeoises citez (Antig. 16. 317) — Dignes de moy, leur pere, et du lignage mien (Antig. 17. 348) — Autour du frere sien (Antig. 62. 1767).

b) il commanda à un sien seruiteur de le tuer (Antoine 151. 37).

c) de vous faire present à tous de ce seul mien ouurage (Hipp. 2. 27) — Que ce tien pere auoit en sa tente embrassé (La Tr. 130. 1471) — Pren ce corps qui t'est deu, ceste charongne mienne (Antig. 8. 37).

d) pour quelque sien delit (Brad. 9.88.).

Im präbikativen Verhältnis werden die absoluten poss. Pron. heute ebenfalls von dem bestimmten Artikel begleitet. (Mätzner 146). „Das Altfranz. verwarf ihn in konsequenter Weise und noch im 16. Jahrhundert ist dies der allgemeine Gebrauch" (Gessner I. 22). Bei Montaigne z. B., wie früher bei Marot (Glaun. 12, 2), kommt das absolute poss. Pronom. ohne Artikel im präbikativen Sinne noch sehr häufig vor (Glaun. Mont. 184). Die Auslassung des Artikels reicht indeß noch bis in's 18. Jahrhundert, wie aus Beispielen bei Mätzner p. 146 zu ersehen ist.

Diese präbikative Anwendung des poss. Pron. ohne Artikel findet sich auch bei Garnier: Siehe hiezu die Beispiele beim bestimmten Artikel 13. p. 11!

II. Hinsichtlich der verbundenen poss. Pronomina gilt für die moderne Sprache als Regel, daß die weiblichen Formen ma, ta, sa vor Wörtern weiblichen Geschlechtes, denen sie als attributive Bestimmung angehören, wenn diese mit einem Vokal oder stummen „h". anlauten, aus euphonischen Gründen in die männlichen Formen mon, ton, son übergehen. Das Altfranz. gebrauchte in diesem Falle das Mittel der Elision des Vokales „a" (Mätzner 146 — Gessner I. 20).

Bei Garnier findet sich diese Elision des Vok. „a" noch mehrere Male vor den Substantiven amie und amour:

Hé nourrice m'amie! (Porcie 60. 1423) — Ma maistresse, m'amie (Hipp. 47. 1304) — esueillez-vous m'amie (La Tr. 105. 653) — Plustost presentement puissé-je tomber morte, Que viuante, ô m'amour, je vous perde en la sorte! (Brad. 31. 694) — je luy liure m'amie (Brad. 35. 800).

III. Daß für das poss. Pron. auch der Genitiv und Dativ des Personale eintreten kann, ist bereits bei diesem erwähnt unter VII. und VIII.

IV. Was die Wiederholung der poss. Pron. bei mehreren coordinierten Substantiven betrifft, so fand sie im 13. Jahrhundert bei jedem Substantiv statt (Klatt 11 u. 12). Autoren späterer Zeit dagegen unterlassen die Wiederholung in manchen Fällen, wo sie die heutige Grammatik unbedingt

verlangen würde (List 7). — Bei Garnier findet die Wieder=
holung ebenfalls einige Male nicht statt, selbst wenn die coordi=
nierten Substantiva verschiedenes Geschlecht und verschiedene Zahl
haben. (Das Gleiche ist der Fall bei Montaigne (Glaun. 418)).
O debile Vertu! maintenant voy-je bien Que ta
force et faueur que je suiuois, n'est rien. (Porcie 64.
1576) — Parquoy elle redoutant sa fureur et deses-
poir, se retira auec deux de ses femmes dedans le monu-
ment (Antoine 150. 32) — Oubliez vostre ayeul, son
sceptre et diademe (La Tr. 118. 1045) — apres luy
auoir reproché en grande colere son ingratitude et
desloyauté (Les Ju. 99. 40) — Sedecie informé de ce
desastre sort hastiuement auec sa mere, femmes,
et aucuns de ses amis par une porte secrette (Les Ju.
99. 33).
V. Ueber die Stellung der poss. Pron. siehe die
Wortstellung!

C. Demonstratioum.

I. Wie nach altfranz. Sprachgebrauch das Pron. poss.
durch den Genitiv des Personale ersetzt werden kann (Mätzner,
Synt. I. 460), so setzt Garnier auch den Genitiv der
demonstrativen Pron. iceluy, icelle, ceux, dem
lateinischen ejus, eorum entsprechend, für das Pron. poss.
und zwar sowohl in Beziehung auf Personen, als auch auf
Sachen. — Heute würde in diesem Falle wohl auch „en" statt
„son" stehen. (Diez III. 73 — Grosse 272). —
Son corps fut trouué par Antoine, et les cendres
d'iceluy portees à Seruilie sa mere (Porcie 14. 23) —
O trois et quatre fois heureux, Ceux qui d'un fer auan-
tureux Se voyent arracher la vie, Auecques un coeur
genereux Se consacrans à la patrie. De ceux-là les
os enterrez Ne seront de l'oubly serrez (Porcie 59.
1388) — Receuez l'ouurage, Monseigneur, sinon pour le
merite d'iceluy, aumoins pour la dignité du sujet

(Corn. 80. 43) — Phedre ... decouurit sa faulse accusation, et la cause d'icelle, à son mari (Hipp. 7. 40) — Et pour l'execution de son ordonnance, fait asseoir des gardes pour surprendre les infracteurs d'icelle. (Antig. 4. 62) — Une ordonnance est vaine, Si l'infracteur d'icelle est exempt de la peine (Antig. 61. 1741).

II. Das Altfranz. unterscheidet noch nicht, wie das Neufranz., verbundene nnd unverbundene demonstr. Pron., da seine Formen sowohl in unmittelbarer Verbindung mit Hauptwörtern, als ohne dieselben gleichmäßig verwendet wurden. (Mätzner 146. 2 — Diez III. 75 — Gessner I. 24). Für einzelne Autoren späterer Zeit weisen biesen unterschiedslosen Gebrauch der demonst. Pron. nach: Riese 49. 10 — Glaun. (Marot) 13 .3 — Grosse 273. 4 — Glaun. (Mont.) 185 — Bei Garnier finden sich für diesen älteren Sprachgebrauch ebenfalls Beispiele:

Faudra-til que moymesme enfin j'ouure la porte A mon esprit dolent à celle fin qu'il sorte? (Corn. 99. 432) — famille qui fust tant que cette-cy heureuse (Hipp. 65. 1866) — Cette-cy seulement ma defense m'enfreint, Mais ... elle s'en glorifie (Antig. 64. 1842) — Telle qu'est cette-cy (Antig. 70. 1980).

III. Cestui neben celui „obwohl immer spärlicher auftretend, erhält sich in abjectivischer und substantivischer Geltung bis ins 17. Jahrh., um dann gänzlich zu [erlöschen", sagt Gessner I. 28, und führt dann p. 29 δ. verschiedene Beispiele an. Auch Mätzner erwähnt p. 148 b, daß cestui und cestei jetzt im Allgemeinen aufgegeben sind. Dagegen findet sich cettui noch bei Lafontaine substantivisch und abjectivisch.

Bei Garnier kommt cestui noch ziemlich häufig vor, aber immer mit ci oder là zusammengesetzt, gerade wie bei Calvin (Grosse 272):

Ore de ce costé ... Ore de cestuy-là (Corn. 140. 1706) — Ores cetuy-là gaigne, et ore cetuy-cy, Cetuy-cy perd apres, cetuy-là perd aussi. (Hipp. 30. 737) — Cestuy-cy veut grauir au haut d'un pre-

cipice, Cestuy-là sur le toict d'un fumeux edifice (La
Tr. 144. 1885).

Auch cil, das sich noch bis zum Ende des 16. Jahrh. er=
hält (Gessner I. 26. u. 29. η) steht bei Garnier für celui:
Cil qui plaindroit le joug qu'il s'est mis sur la teste
(Hipp. 22. 492) — Et cil qui ha beaucoup, veut encor
plus auoir (Hipp. 32. 810).

IV. Cela statt ce unmittelbar vor dem relat. Pron.
war in der früheren Sprache häufig (Darmest. 257) und findet
sich noch bei Pascal (Haase 56). — Bei Garnier ist mir ein
Beispiel aufgefallen:

un debonnaire enfant Ne s'affecte à cela que son
pere defend (Antig. 70. 1967).

Dagegen findet sich dem älteren Sprachgebrauche gemäß
(Darmest. 257) mehrere Male „ce", wo wir heute „cela"
setzen würden:

Et pour-ce ne vouloyent point ouir parler de Roger
(Brad. 3. 15) — Ce nous est toutefois un notable auan-
tage (Brad. 13. 180) — qui l'a meu de ce faire? (Brad.
59. 1459).

Dagegen: faut-il que pour cela vous mettiez en
colere? (Brad. 13. 189).

Cela dient auch dazu, einen mit que ausge=
drückten Objectssatz zu stützen (wie dies auch häufig bei
Calvin vorkommt (Grosse 274)):

qui veit jamais cela Qu'un homme trespassé dans
sa tombe eust ennie D'un autre homme viuant? (La Tr.
130. 1450) (deutsch: Wer sah es jemals daß ... dieses „es"
wird heute nicht übersetzt!).

V. Die Verbindung des demonstr. „ce" mit
dem possess. Pron. mien etc. war dem Altfranz. eigen=
tümlich (Mätzner 146). — Daß auch Garnier, wie Montaigne
(Glann. 183), diesen Gebrauch kennt, beweisen die Beispiele, die
bereits beim Possessivum I. c. p. 39 angegeben sind.

D. Relativum.

I. Der heute geltenden Hauptregel zufolge können der Nom. qui und der Acc. que auf Perſonen und Sachen bezogen werden. „Qui" dagegen in Verbindung mit einer Praepos. weiſt nur auf Perſonen oder Perſonifikationen hin. Unperſönliche Gegenſtände verlangen andere Relativa (Diez III. 367). — Im Altfranz. dagegen (Gessner II. 2) und noch im Zeitalter Ludwigs XIV. war der Gebrauch von „qui" in Verbindung mit Praepos., auf Sachen bezogen, ſehr verbreitet. (Mätzner 154). — Sowie Marot (Glaun. 15. 4) — Montaigne (Glaun. 187) und Pascal (Haase 56. 2), kennt auch Garnier die Verbindung des Relativums qui mit Praep. in Bezug auf Sachen:

Sembloit que fussent troncs, ou corps humains sans vie, A qui votre oraison auroit l'ame rauie (Einleitung zu Porcie 6. 100) — La guerre, par qui l'Ausonie A tant engressé de guerets. (Corn. 92. 175) — Que ceste guerre icy, sans qui nostre Cité Perdoit en peu de temps toute sa dignité (Antoine 196. 1446) — Ainsi l'enfant foiblet d'un Taureau mugissant, A qui ne sont encor les cornes paroissant (La Tr. 109. 776) — Ainsi qu'un Lyonceau encor foiblet et tendre, De qui la jeune dent ne peut encore offendre (La Tr. 145. 1902) — C'est mon port de salut, par qui sera ma vie De tant d'aduersitez pour jamais affranchie (Les Ju. 143. 1307) — Et souffrir profaner ton Eglise Chrestienne Pour qui en corps mortel du ciel tu descendis (Brad. 8. 55).

II. Garnier gebraucht „lequel" als Nom. und Acc., wo man heute qui reſp. que ſetzen würde. Es iſt dies ein Gebrauch, der im 15. und 16. Jahrh. ſehr gewöhnlich war und ſelbſt im 17. noch vorkam (Gessner II. 7. γ — Riese 52. 20 — Glaun. (Marot) 15. 4 — List 9 — Haase 56).

Porcie ... fut femme de Marc Brute, lequel .. fut incontinent apres poursuyui (Porcie 13. 2) — Cassie, lequel entré en desespoir se tua (Porcie 14. 18) — Porcie: laquelle impatiente de douleur ne voulut suruiure à son espoux (Porcie 14. 24) — Pompee le Grand, lequel ... l'enuoya à Mitylene (Corn. 85. 6) — il commanda à un sien seruiteur de le tuer: lequel tomba mort (Antoine 151. 37) — elle se descouurist à ce jeune seigneur, lequel ... la refusa seucrement (Hipp. 6. 15) — tu nous souffres Opprimer des Gentils, lesquels ne font sinon, Ton peuple bourrelant, que blasphemer ton nom (Les Ju. 162. 1865) — ils accordent mariage entre luy et Bradamante, laquelle il aimoit par mutuelle affection (Brad. 2. 10).

Auch findet sich der Genitiv von lequel statt dont (was bei Montaigne (Glaun. 187) häufig vorkommt): une grande Republique ... la ruine de laquelle est d'autant plus deplorable que .. (Corn. 80. 45).

III. Sehr häufig kommt bei Garnier die soge= nannte relative Satzverbindung vor nach lateinischer Art, die wohl nur dem Einflusse zu verdanken ist, den das Studium der lateinischen Schriftsteller im 15. und 16. Jahr= hundert auf die Gestaltung der französischen Sprache ausübte. (Gessner II. 7). Diese Verbindung findet bei Garnier statt a) mittels lequel nach altfranz. Art (Mätzner, Synt. I. 32) (auch bei Montaigne besonders häufig (Glaun. 187 und 191)); b) mittels quoy; c) mittels ce qui, ce que. — Die moderne Sprache bedient sich in solchem Falle des demonstr. Pron. — (Bei einzelnen Autoren weisen diese rela= tive Satzverbindung ferner nach: Riese 52. 21 — Glaun. (Marot) 15. 4. c — Grosse 275. 1 — List 9. c).

a) Scipion ... occupa la plus part de l'Afrique, et s'allia dè Jube Roy de Numidie. Contre lesquels Cesar ... s'achemina sur la fin de l'hyuer. (Corn. 85. 18) — l'Ombre d'Achille apparut sur son sepulchre d'une forme effroyable, se plaignant des Grecs de l'auoir mesprisé, et les menaçant de grands malheurs et infortunes, s'ils ne tuoyent'Polyxene sur son tombeau. Lesquels ... resolurent par aduis de Calchas de la faire occire (La Tr. 83. 13) — Le siege dura dix-huit mois entiers: pen- dant lequel il se retira auec sa cour en la ville de Reblate (Les Ju. 98. '19) — il fut .presenté au Roy

Nabuchodonosor. L e q u e l ... fist en sa présence esgorger ses enfans (Les Ju. 99. 39).

b) Brute... fut entierement desconfit, ses gens mis en route, et son camp forcé. Q u o y voyant, il se tua (Porcie 14. 21) — Puis il pria Straton de ne vouloir souffrir, Que Cesar se vantast de l'auoir faict mentrir, Ains qu'il voulust plustost l'homicider luy mesme: A q u o y il obeït auec un dueil extréme. (Porcie 65. 1581) — où se tenant à l'ancre, (Scipion) fut assailli, combatu et inuesti par la flotte aduersaire. Q u o y voyant... se donna du poignard dans le corps. (Corn. 85. 29) — (Antoine) eut quelque imagination sur Cleopatre, qu'elle s'entendist auec luy (= Cesar), pour le ruiner, et par sa ruine moyenner son accord. P a r q u o y elle redoutant sa fureur et desespoir, se retira.. (Antoine 150. 32) — lequel (= Hippolyte) la (= Phedre) refusa seuerement, detestant un si abominable desir. D e q u o y elle extrememant indignee... se plaignist à son mary... de l'outrage qu'elle dist luy auoir esté faict en son honneur par Hippolyte son fils. A q u o y cest homme credule... pria le Dieu Neptune.. (Hipp. 6. 19 u. 23) — Pour ceste cause il mist aux champs une tresforte armee... et mist le siege deuant Jerusalem capitale de la prouince. D e q u o y l'Egyptien aduerti marcha incontinent. (Les Ju. 98. 11).

c) Puis (Cleopatre) enuoya luy dire qu'elle estoit morte. C e q u'i l creut tellement que.. (Antoine 151. 35) — Il fut requis par Pirithois son singulier amy, de l'accompagner à l'entreprise qu'il auoit faite de descendre aux enfers, pour enleuer Proserpine. C e q u e luy ne voulant refuser à un amy si cher... y deuala auecques luy. (Hipp. 6. 5) — Arrestent par commun aduis... de faire mourir Astyanax, l'unique fils d'Hector. C e q u i fut executé. (La Tr. 83. 8) — à fin que... il peust... ramasser nouueaux peuples, rebastir ceste belle ville, et remettre le royaume en son premier estat. C e q u i succeda autrement. (La Tr. 84. 28).

IV. Das Adverb ci (früher ici) wird häufig mittels Bindestriches an ein Substantiv angesetzt, um das vorausgehende demonstr. Pron. zu verstärken, indem es den Gegenstand als an einem bestimmt vor Augen liegenden Orte befindlich bezeichnet z. B. cet homme-ci (früher cet homme-ici) (Mätzner 148). Statt dieses bei Garnier oft vorkommenden icy steht zweimal das relat. Pron. que mit voicy:

Que tu ne suis ton Brute au tenebreux riuage? Ton Brute que voicy, ton Brute dont le corps Gist ici (Porcie 69. 1716) — Ce poignard que je tiens, ce poignard que voicy,... m'ostera ce soucy (Porcie 78. 1998).

V. Nach dem Gebrauche der älteren Sprache (Diez III. 386. 4 — Riese 51. 17 — Gessner II. 3) und dem des 16. Jahrhunderts (Darmest. 258 — Grosse 275. 4), setzt Garnier manchmal que statt ce que:

Sçauez-vous que je veux à vous et vos enfans? (La Tr. 160. 2422) — Voila qu'on dit de vous sans vous le faire entendre (Antig. 71. 2004).

VI. Einige Male steht bei Garnier der Relativsatz mit dem substantivischen qui, welches im Hauptsatz auf kein Beziehungswort zurückdeutet, statt eines hypothetischen Satzes; eine Ausdrucksweise, die im Altfranz. sehr gewöhnlich war. (Mätzner, Synt. I. 31 — Gessner II. 14. — Ist auch bei Dietz III. 384 u. 385 eingehend behandelt). Dieselbe Construction kommt auch bei Montaigne sehr häufig vor (Glaun. 190).

L'occasion est chanue, et qui ne la retient, Tout soudain elle eschappe et jamais ne reuient. (Brad. 25. 498) — S'y offre qui voudra, je soustiens obstinee Qu'elle s'est pour espouse à mon frere donnee: Et que l'on ne sçauroit, qui ne luy fera tort, A d'autres la donner jusqu'à tant qu'il soit mort. (Brad. 55. 1377).

E. Indefinitum.

I. Chacun, das heute nur substantivisch vorkommt,
findet sich bei Garnier, dem altfranz. Sprachgebrauche gemäß
(Diez III. 90 — Mätzner 156. δ), auch abjectivisch.
Allerdings ist mir nur ein biesbezügliches Beispiel aufgestoßen.
(Daß diese Anwendung bis in's 16. Jahrh. hinein allgemein war,
beweisen: Riese 53. 24 — Glaun. (Marot) 17. 5 — Glaun.
(Mont.) 326 — Grosse 277. 6 — Gessner II. 26 — und
Darmest. 261. — Mätzner citiert p. 156 biesbezügliche Bei=
spiele sogar noch von Malherbe und Lafontaine.)

Quand de chacun costé les batailles dressees
Obscurcirent le ciel de fleches eslancees. (Porcie 63. 1521).

Wird chacun substantivisch gebraucht, so wird es,
wie bei Calvin (Grosse 277), häufig verstärkt durch un a.
was sich nach Gessner II 27, Mätzner 156 δ u. Mätzner,
Synt. I. 445 noch im Zeitalter Ludwigs XIV. findet.

Auch tout b. dient als Stütze von chacun (Gessner II.
27 — Darmest 261).

a) Ores le joug pesant dont nous faisions courber
La teste d'un chacun vient dessur nous tomber (Corn.
90. 116) — Il guerroye un chacun (Hipp. 32. 783) —
Quand il n'en diroit rien, un chacun le raisonne (La
Tr. 109. 770) — et combien de rancueur Encourra d'un
chacun ce peuple belliqueur? (La Tr. 135. 1592) —
Vostre vie est la nostre, et qui l'auroit rauie, Auroit
raui de nous et d'un chacun la vie (Antig. 17. 342)
Je veux recompenser un chacun de ses peines (Brad.
12. 165) — Dans les yeux d'un chacun (Brad. 19. 337).

b) Les chemins lors estoyent ouuerts à tout chacun
(Porcie 39. 737) — Quand on voit qu'elle (= Fortune)
tombe à tout chacun commune (Corn. 99. 444) —
Tout chacun se plonge en festins (La Tr. 100. 487)
— et combien que la vie De tout chacun puisse estre
à tout moment rauie (Antig. 12. 150) — Tout chacun
en est aise (Brad. 74. 1879).

II. Im Altfranz. wurde aucun, seiner Entstehung aus
aliquis unus gemäß, affirmativ gebraucht, in der Bedeutung

des modernen quelque und quelqu'un, also adjectiviſch a. und ſubſtantiviſch b. (Diez III. 86. 5 — Mätzner 160 — Mätzner, Synt. I. 38 — Gessner II. 24 — Darmest. 261). Dieſen Gebrauch kennt aber nicht allein die alte Sprache, ſondern er reicht bis ins 16. Jahrh. So findet er ſich bei Froissart (Riese 53), bei Marot (Glaun. 17.5) — bei Calvin (Grosse 278. 3) — bei Rabelais und Montaigne (Glaun. 326). — Für den Gebrauch bei Garnier mögen folgende Beiſpiele ſprechen: a) A ce voyage il fut tué... aux yeux... d'aucuns Senateurs ses amis (Corn. 85. 13) — Scipion... se jetta auec peu de troupes dans aucuns vaisseaux (Corn. 85. 23) — deliuré du plus grief infortune, Que jamais en ce monde ait porté mere aucune (La Tr. 113. 910).

b) Aucuns naurez à mort... Crioyent misericorde (Corn. 142. 1767) — Celle n'est point blessee en sa pudicité Qui est prise d'aucun contre sa volonté (Hipp. 54. 1520) — Mesmes aucuns (forfait!) se vont planter sans crainte Sur la tombe d'Hector (La Tr. 144. 1889) — Aucunes mignardant... Mes enfans.. Les chargent à leur col (La Tr. 166. 2575) — Aucunes me tirant par ma longue criniere... m'abaissent en arriere (La Tr. 166. 2587) — que si aucun s'auance De faire le contraire (Antig. 60. 1733) — Comme on en voit aucuns qui ne prennent plaisir (Antig. 70. 1970).

Mit dieſem bejahenden Gebrauche von aucun hängt wohl auch die Setzung der vollen Negation ne-pas und ne-point bei aucun zuſammen:

Aussi ne vous faut pas... D'aucune cruauté souiller vostre victoire (Antoine 199. 1525) — Le prestre contemplant le dedans de l'hostie, N'y trouua point de foye en aucune partie (Hipp. 16. 274).

III. Quiconque iſt heute ſubſtantiviſch und nur in der Einzahl gebräuchlich (Mätzner 155. β).

Garnier gebraucht es auch adjectiviſch im Sinne von quel-que a. und im Plural ſubſtantiviſch in der Bedeutung von qui-que b.

a) Quiconque Prince tu sois,... pense... que... (La Tr. 157. 2341). —

b) et vous salue, ô Dieux, Quiconques soyez-vous (Porcie 48. 1026).

IV. Über ben Gebrauch von un. im Sinne von quelq'un mit folgenbem Relatiopronomen siehe ben unbest. Artikel II. 3. p. 19! — Auch bei Montaigne steht „un" für bas moberne quelqu'un (Glaun. 327). — Beispiele von anberen Autoren sinb auch bei Gessner II. 35 unb Darmest. 262 aufs geführt.

V. 1) Für rien gebraucht Garnier b. altfranz. neant in Verbindung mit pour in abverbialer Weise für bas moberne en vain ober vainement:

Hecube, pour neant vous faites resistance (La Tr. 133. 1537) — tu tasches pour neant De me clorre l'enfer (Antig. 11. 147) — Pour neant vous jettez ces lamentables cris (Antig. 91. 2642) — Tu aurois... Pour-neant arraché le fardeau de son dos (Les Ju. 102. 27).

2) Steht bei rien ein attributives Abjectiv, so muß jetzt zwischen beibe bas partitive „de" treten (Mätzner 380 γγ). Im 16. Jahrh. wurbe jeboch rien noch vielfach als Substantiv behanbelt unb nahm als solches ein attributives Abjectiv ohne „de" zu sich (Darmest. 252 — Glauning (Mont.) 329 — Grosse 288. 1 — Haase 24. 7). — Bei Garnier finbet sich „de" balb ausgelassen a., balb gesetzt b.:

a) et n'y a rien si saint Qu'on n'aille violant pour se rendre seul maistre (Antoine 183. 1019) — Il n'est rien plus diuin que la benignité (Antoine 198. 1518) — Jamais rien si piteux au monde ne fut veu (Antoine 202. 1634) — Il n'est rien plus horrible aux hommes que la mort (Hipp. 60. 1691) — Et vous, ô mes enfans, sçauriez-vous au bon Dieu Requerir rien meilleur, qu'estre mis en son lieu? (Les Ju. 157. 1706) — au monde il n'est rien perdurable (Les Ju. 171. 2127) — Nous n'auons rien si cher (Brad. 25. 508).

b) Il ne treuue rien de durable en ce monde. (Antoine 179. 876) — Ne monstrant presque rien

d'humain que le visage (Hipp. 43. 1166) — Il n'est
rien de si doux, ny de si delectable (Antig. 34.
927).

3) Zu merken ist die Verwendung von rien zur Ver=
stärkung der Negation ne in dem Satze:

Par ce Roy chaldean qui rien ne le redoute
(Les Ju. 170. 2111).

Rien wurde nämlich früher dem point oft gang gleich ge=
setzt, kommt aber jetzt nicht mehr in rein adverbialer Bedeutung
vor. (Mätzner 444. 162).

VI. Bei nul (aus ne-ullus) ist die Verneinung „ne"
ursprünglich eine überflüßige Verdoppelung der Negation (Mätzner
446. bb). Deshalb hat, wie bei Calvin (Grosse 278. 4) und
bei Montaigne (Glaun. 327), auch bei Garnier nul ver=
neinende Kraft auch ohne die Negationspartikel
„ne":

Nulle vengence peut egaler leur offense (Porcie
42. 844) — Nul vieillard tant fust decrepit, Et nul
enfant tant fust petit, Demeura dans la ville alors (La
Tr. 99. 465).

VII. Wird tout adverbial in Verbindung mit einem
Abjectiv gebraucht, so wird es jetzt in der Regel nur vor einem
weiblichen Abjectiv flektiert, das mit einem Consonanten beginnt,
oder mit einem aspirierten „h" (Mätzner 161). — In der
älteren Sprache jedoch wurde das Abverb tout mit dem Abjectiv
vertauscht und war als solches natürlich veränderlich (Diez III.
15. Anm.). Noch bei Pascal wird es in Verbindung mit einem
Abjectiv abjectivisch gebraucht (Haase 61. 1). — Bei Garnier
sind mir zwei Beispiele aufgefallen, in denen tout in Verbind=
ung mit einem weibl. Abjectiv, das mit einem Vokal beginnt,
mit diesem übereinstimmt :

Tu seras de pitié toymesme toute esmeuë (Corn.
144. 1866) — Adieu... Terre promise du ciel, Toute
ondoyante de miel (Les Ju. 127. 822).

VIII. Daß sich für on bei Garnier unterschiedslos
auch l'on und lon findet, ist bereits beim best. Artikel 10

p. 8 erwähnt. — Ebenso wurde schon beim Art. die willkür=
liche Setzung oder Auslassung des Artikels bei tout, mesme
und tel gezeigt.

Verbum.

A. Umschreibung des Activs.

Im Altfranz. waren zwei Umschreibungen des Activs sehr
üblich, nämlich

1) estre mit dem Partcp. Praes., um eine beharr=
liche Thätigkeit auszudrücken; eine Verbindung, die schon im
Lateinischen vorkommt, um dem Verbum permanenten Sinn
mitzuteilen — und

2) aller mit dem Gerundium, um eine fortgesetzte
Thätigkeit anzudeuten. (Diez III. p. 198—201).

1) Was die erste Umschreibung betrifft, so veraltete
sie früher, als die Umschreibung mit aller (List 10). (Aus
dem 15. Jahrh. citiert Stimming p. 220 Beispiele für beide
Umschreibungen — Glauning (Marot) p. 19 zeigt, daß Marot
beide Formen häufig gebraucht, während bei Montaigne (Glaun.
331) nur die mit aller vorkommt.) — Von dieser Umschreibung,
die sich bei Larivey (Vogels 543) noch häufig findet, im
17. Jahrh. aber zu veralten beginnt (Haase 65 — Darmest.
265), sind noch Beispiele bei Voiture (List 11) und vereinzelte
Spuren auch noch bei Pascal (Haase 65) zu finden.

Bei Garnier nun ist sie besonders beliebt,
namentlich im Praesens.   Jedoch werden auch andere Zeiten
umschrieben.   Auch hat sich der Begriff der Dauer, welcher der
umschreibenden Form ursprünglich inne wohnte, wie bei Marot
(Glauning 19) verloren, so daß zwischen der umschreibenden
und der einfachen Form des Verbums kein Unterschied besteht:

De ce Caton fameux, qui d'un coeur magnanime,
Tant qu'il fut jouissant de la douce clairté, Combatit
ardemment pour nostre liberté. (Porcie 23. 233) — Les

Dieux ne veulent point qu'aucun aille faisant Ce que luy estant fait luy seroit desplaisant (Corn. 90. 120) — Je suis toujours veillante (Corn. 99. 423) — aussi le traistre enfant Est du ciel, de la terre, et des eaux trionfant (Hipp. 32. 786) — Encor seroy-je errant dans le Royaume noir (Hipp. 57. 1619) — De ses membres saigneux la terre est rougissante (Hipp. 72. 2120) — l'enfer qui est tousjours beant (Antig. 11. 148) — Tous leurs tourmens ensemble à peine pourront estre Suffisans pour moy seul. (Antig. 12. 178) — Si vous m'auez tousjours obeissante esté (Antig. 45. 1254) — elle ... ne doit à ma peine estre participante (Antig. 67. 1897) — Car mon secret destin est du sien dependant (Antig. 81. 2319) — Hà qu'il y a de Rois qui seroyent trionfans, S'ils auoyent ... (Les Ju. 155. 1641) — Pourrions-nous en ce mal n'estre point larmoyantes? (Les Ju. 156. 1664) — Et vous ne serez plus pendans entre nos bras (Les Ju. 159. 1758).

2) Die Umfchreibung mit aller follte, wie fchon erwähnt, eine fortgefeßte Thätigkeit ausbrücfen. Mitunter fcheint fie jedoch faum mehr, als bas einfache Verb ausjufagen (Diez III. 201). — „Dies veranlaßte", bemerft List p. 11, „Vaugelas (II, 39—40), gegen ben zu häufigen Gebrauch aufjutreten und er fagt: Cette façon de parler avec le verbe aller et le gérondif est vieille, et n'est plus en usage aujourd'hui, ni en prose, ni en vers, si ce n'est qu'il y ait un mouvement visible, auquel le mot d'aller puisse proprement convenir: par exemple, si en marchant une personne chante, on peut dire, elle va chantant; si elle dit ses prières, elle va disant ses priéres. De même d'une rivière on dira fort bien, elle va serpentaut, parce qu'en effet elle va, et ainsi des autres; mais pour les choses où il n'y a point de mouvement local, il ne se dit plus, en quoi les vers ont plus perdu que la prose, à cause de plusieurs petits avantages qu'ils en recevaient."

„Ménage (Observations sur la langue franç. Paris
1672 S. 107) hingegen gestattet den Gebrauch für die Proſa
„où il y a un mouvement visible et local“, und für die
Poeſie auch in anderen Fällen, daher „les Poëtes doivent
s'opposer à ceux qui les en veulent bannir“.“ — Dieſe
umſchreibende Ausdrucksweiſe iſt ſeit Corneille veraltet und
nur im eigentlichen Sinne zu gebrauchen (elle va chantant =
ſie geht und ſingt zugleich) (Diez III. 201). — Wie bei
Commines (Stimming 220), bei Marot (Glaun. 19 u. 20),
bei Voiture (List 11) und bei Pascal (Haase 65) iſt deren
Anwendung auch bei Garnier noch ſehr häufig und
erſetzt meiſt nur, wie bei Montaigne (Glaun. 331), das ein=
fache Verbum:

Car c'est une vraye Hydre en testes foisonant, Qui
plus on en abat, plus en va reprenant (Porcie 34.
574) — ma langue essayant D'en faire le discours va
toute begayant (Porcie 60. 1428) — Il va roüant
ses yeux (Porcie 62. 1503) — Si tu les vas heurtant
(Corn. 89. 84) — On l'iroit offensant (Corn. 103.
549) — Ne font justice à ceux qui la vont deman-
dant? Or qu'on ne la demande, ils nous la vont
rendant (Corn. 113. 889 u. 890) — ils nous vont de-
daignant (Hipp. 29. 677) — O vous coustaux pierreux,
qui l'allez esprouuant (Hipp. 39. 1027) — Couché
sur vostre bord tout plat il va lauant Ses léures et
sa soif en vostre eau l'abreuuant (Hipp. 39. 1035) — En
quelle ondeuse mer m'iray-je nettoyant? (Hipp. 53.
1488) — Je veux en l'imitant Aller à coup de main
cettuy-cy combatant (Hipp. 71. 2054) — Pour quel
nouueau desastre allez-vous forcenant (Hipp. 74.
2166) — Contre ma fiere main, qui l'alla meurtris-
sant (Antig. 8. 44) — Et de vostre patrie esloigner
les dangers Qui la vont menassant de soudars es-
trangers (Antig. 17. 336).

3) Wie bei Commines (Stimming 220) kommt es auch
bei Garnier nicht ſelten vor, daß das Gerundium mit
dem veränderlichen Participium wechſelt:

Si c'est quelque mesfait soyez-en refusant (auf Cornelie bezogen (Corn. 102. 514)) — Mais tousjours tandisque nous sommes En ce bas monde sejournant, Les malheurs compagnons des hommes Vont nostre vie entretenant (Antoine 157. 166) — Et les gros scadrons de gendarmes, Qui vont les plaines effroyans (Antoine 191. 1313) — Nous plombons la poitrine, et de cris esclatans, Palles et deformez, l'allons tous lamentans (Hipp. 73. 2142) — O malheureuse Royne entre celles qui sont Regorgeant de malheurs par tout ce monde rond! (Hipp. 74. 2162) — A fin que ... Je ne fusse aujourdhuy ce beau corps meurtrissant (auf Phedre bezogen (Hipp. 75. 2194)) — Ils vont redoutans leurs voisins (Antig. 35. 960).

Für die häufige Anwendung dieser Umschreibung des Actiüs bei Garnier mögen folgende Zahlen sprechen:

Es findet sich in einem einzigen Drama, La Troade, a) être mit dem Participium 6 mal; b) aller mit dem Gerund. 45 mal; c) aller mit dem veränderlichen Partcp. 1 mal; d) être mit dem unveränderlichen Gerund. 1 mal.

4) Statt mit aller und dem Gerund. findet die Umschreibung einmal auch mit venir und dem Gerundium statt:

Elle (= la grand' charge d'eau) s'en vient roulant à grands bonds vers le bord (Hipp. 70. 2013).

5) Wie bei Marot (Glaun. 20) und Voiture (List 12) findet sich bei Garnier noch eine Umschreibung des Actiüs mit être oder s'en aller und einem Subftantiv auf eur; eine Umschreibung, welche besonders die älteren romanischen Sprachen und in erfter Linie das Provençalische liebten (Diez III. 200 Anm.):

Ils ne sont rauisseurs que sur un rauisseur (Hipp. 25. 557) — Pluton l'a prise à femme, et en est possesseur (Hipp. 25. 558) — Mais tousjours à la fin Amour est le vaincueur (Hipp. 30. 741) — S'il afflige les

bons, et qu'il leur meine guerre, Il s'en ira vainqueur
(Porcie 46. 980. — Vergl. das Deutsche: er wird als Sieger
hervorgehen!).

B. Umschreibung des Passivs.

Das Passivum wird bei Garnier auch einige Male
durch s'en aller und das Particip. der Vergangen=
heit gebildet (Diez III. 206). — Darmest. führt p.
267 nicht bloß aus früherer, sondern auch aus der neueren Zeit
Beispiele für diese Umschreibung an):

Tout s'en ira destruit, ceste fureur peruerse
Jettera tout d'un coup le monde à la renuerse (Porcie
44. 895) — Les Paisans et les Rois semblables à la fin
S'en vont tous peslemesle engloutis du Destin.
(Corn. 100. 474).

C. Tempora und Modi.

I. 1) Die Anwendung des Praes. hist. bei der
lebhaften Schilderung kommt bei Garnier sehr
häufig vor. Auffallend dürfte hiebei sein, daß auch da, wo
lauter Praeterita vorhanden sind, plötzlich das Praesens auf=
tritt. Übrigens ist dieser Wechsel des Praes. mit dem Praet.
trotz des Widerspruchs der Grammatiker auch in der neueren
Sprache sehr gewöhnlich. Diese Mischung der Tempora war
auch dem Lateinischen und Griechischen sehr geläufig (Mätzner
312 u. 313 — Mätzner, Synt. I. 64 u. 65). — Zu be=
merken wäre hiebei etwa, daß nach Anführung eines Neben=
umstandes oder einer Nebenhandlung im Präteritum die Haupt=
handlung durch die Form des Präsens gewissermaßen ausgezeichnet
und als eine rasch eintretende hervorgehoben wird.

Les uns alloyent disant que ceste mort ostoit
L'ancre du long sejour qui leurs naus arrestoit, Qu'il
falloit des haineurs perdre toute la race: Mais la plus

grande part du Gregeois populace De t e s t o i t ce forfait,
quand on v o i t les flambeaux Porter ainsi ardans comme
aux soirs nuptiaux. Quelques jeunes enfans ... M a r -
c h o y e n t ... Pyrrhe s u i u o i t après ... Une soudaine
horreur d e s c e n d ... unb nun folgt nod) 5 mal baß hift.
Präſenß (La Tr. 150. 2077—2092) — Ce cheualier p e n s a
que le fer sanguinaire De sa lance eust plongé dans
l'aine de son frere, S a q u e l'espee au poing, et d'aueugle
desir C o u r t à luy ... unb nun folgt immer baß Praes.
hist. (Antig. 40. 1100—1111) — Nous e s t i o n s à l'es-
cart derriere ces collines ... Quand nous a p e r c e u o n s
cette fille eploree ... Sa lamentable vois r e s o n n o i t ...
(Antig. 62. 1772—1782) — Apres qu'il f u t par nous de
pure eau nettoyé, Et de linge odorant souefuement essuyé,
Nous i n u o q u o n s Hecate en trois noms reclamee (Antig.
87. 2518—2520) — Quand tout f u t acheué nous r e t o u r -
n o n s arriere ... (Antig. 87. 2528) — J'allois au sacré
Temple où Pallas on adore, Et à peine en la rue e s t o y - j e
entree encore, Quand j ' e n t e n s la rumeur du peuple
espouuanté, Qui b r u y o i t tristement ... folgt bann baß
Praes. hist. (Antig. 86. 2464—2479). — Enfin comme ils
e s t o y e n t fort debilitez de courage et amoindris de
nombre, leur e s t donné un roide et furieux assault sur
la minuict, qu'ils ne p e u r e n t soustenir, et f u t · la ville
emportee de viue force (Les Ju. 99. 25) — Cette parolle
à peine il a n o i t acheuee Que la teste luy e s t de son
col enleuee ... folgt bann baß Narrativ (Les Ju. 166. 1963).

Ju folgenber Periobe wechſelt baß Praes. hist. mit bem
Narrativ:

Sedecie informé de ce desastre s o r t hastiuement
auec sa mere, femmes, enfans, et aucuns de ses amis par
une porte secrette, et p r e n d le chemin des montaignes,
où il e s t poursuiui par quelques gens de cheual, qui
l ' a c c o n c e u r e n t aux campagnes de Jericho, le p r i n -
d r e n t et l i e r e n t, et le m e n e r e n t auec toute sa mai-
son en Antioche, où il f u t presenté au Roy Nabucho-
donosor (Les Ju. 99. 32—39).

Dieſer Übergang des Praes. in das Narr. bei der Erzähl=
ung war im 16. Jahrh. ſehr gebräuchlich. (Darmest. 268).

2) In dem folgenden Satzgefüge: Il faut auparauant que
nostre soin procure Que les corps trespassez soyent mis
en sepulture, De peur qu'ils soyent la proye et des loups
affamez Et des corbeaux bécus, s'ils n'e s t o y e n t inhumez
(Les Ju. 169. 2063—2066) erwartet man wegen der voraus=
gehenden gegenwärtigen Zeit ſtatt des Imperfect. in dem Be=
dingungsſatz „s'ils n'estoyent" das Praes. „s'ils ne sont"!

3) Ebenſo iſt in dem Satzgefüge: Mon ame est elle
moins de son amour esprise Que d'Andromede fut le
preux nepueu d'Acrise, Qui le monstre marin mort à
terre rua, Et detacha la vierge apres qu'il le t u a? (Antig.
80. 2307) das Narrativ „tua" auffällig ſtatt des passé anté-
rieur; denn er befreite die Jungfrau erſt, nachdem er das
Ungeheuer g e t ö t e t h a t t e!

II. Indicativ und Conjunctiv.

Dieſe beiden Modi bieten keine beſonderen Abweichungen
vom heutigen Sprachgebrauche. Nur Folgendes möge als mit
den Regeln der modernen Grammatik nicht übereinſtimmend
erwähnt werden:

A. Der Indicativ.

1) Der Indic. ſteht nach possible, wo jetzt wohl
der Conj. eintreten würde:

Possible que luy mesme à l'exemple de Sylle, Ayant
deraciné la discorde ciuile, D e s p o u i l l e r a la force et
la grandeur qu'il a (Corn. 122. 1141) — Possible que
la route e s t moindre que le bruit (Corn. 136. 1559).

2) Der Indic. ſteht im Finalſatz

a) m e h r e r e M a l e n a c h v o u l o i r, p r i e r, m a n d e r:
Mais le malheur voulut que rentrez en leur camp Ils
v e i r e n t que Cassie auoit eu pareil dam. (Porcie 61.
1464) — Je prie aux Immortels, et sur tous à Toy
Pere, A toy grand Jupiter... que... Vous c h o i s i s s e z
au moins les plus coupables testes (Corn. 87. 5) — Que
si le malheur dure et veut que vous m o u r e z, Dans ce
larual sepulchre un tombeau vous aurez (La Tr. 107.

739) — Agamemnon le Roy... vous mande qu'enuoyez
au port vostre fam'lle. (La Tr. 149. 2059).

b) **einmal nach afin que.** (Auch) Riese citiert aus
Froissart p. 34 ein diesbezügliches Beispiel):

A fin que de douleurs vostre esprit vous soulez
(La Tr. 150. 2070).

Hiebei ist aber nicht zu übersehen, daß im 15. u. 16. Jahrh.
z. B. bei Marot (Glaun. 20), Larivey (Vogels 500), ja auch
noch im 17. (Haase 69) die 1. u. 2. Person plur. des Praes.
im Ind. und Conj. hinsichtlich ihrer Form noch nicht von ein=
ander verschieden waren, so daß also die Endungen „ons" und
„ez" sowohl für den Ind. als auch für den Conj. galten. Des=
wegen können die unter 2 angegebenen Beispiele recht wol auch
Conjunctivformen sein.

3) **Nach den Verbis des Fürchtens** setzen mehrere
Autoren des 16. Jahrh., wie dies auch im Altfranz. der Fall
war, manchmal **den Indic.** (Vogels 502) — Bei Garnier
findet sich ein Beispiel, wo nach „avoir peur", der heutigen
Grammatik zuwider, der Indic. steht statt des Conj.:

Qu'il n'ait peur que jamais nous manquons de
denoir (Les Ju. 154. 1621).

4) Daß bei einzelnen **Conjunctionen,** welche sonst
den Conjunctiv verlangen, auch der Indicativ vorkommt, soll
bei diesen selbst Erwähnung finden.

B. Der Conjunctiv.

I. Der Conjunctiv im Hauptsatz.

Der Conj. des Praes. als **Optativus oder
Imperativus** ist im Altfranz. (Riese 33), wie in den
anderen romanischen Sprachen noch in voller Blüthe. Nicht
weniger im Mittelfranz., z. B. bei Marot (Glaun. 20), Mon-
taigne (Glaun. 332) und bei Larivey (Vogels 503). — Auch
Garnier wendet den Conj. des Praes. sehr häufig an a) **um
einen Wunsch oder einen gemilderten Imperativ**
und b) **um eine Einräumung auszudrücken.** Heutzu=
tage ist bei diesem Conjunctiv die Conjunction que in den
meisten Fällen nicht zu entbehren (Mätzner, Synt. I. 130 u. 131).

a) L'engendreur de Pelops, au milieu des viandes

Assouuisse aujourdhuy ses entrailles gourmandes Et se plongeant au sein des refuyantes eaux Enfle de leur liqueur ses parjures boyaux: Sisyphe Aëolien paisiblement sejourne Sans remonter contraint le rocher qui retourne. Le vautour... Ne becquette aujourdhuy sa dolente poitrine... (Porcie 18. 45—53) — Ainsi du chien portier les trois gueules beantes... ne vous soyent abayantes: Ainsi tousjours Minos vous soit juge piteux (Porcie 24. 276) — Reuienne encore Brute et le hardi Sceuole, Camille et Manle armez pour vostre Capitole: Reuiennent, et ardans comme ils furent jadis Voyent sous un Tyran nos coeurs abastardis Laschement soupirer, voyent nos ames pleines De vergoigne endurer mille hontes vileines (Corn. 87.17—22)—Quiconque a son attente aux grandeurs de ce monde... Qui des volages dieux, des dieux legers n'a crainte, Me vienne voir chetiue, ô Troye! et vienne voir En cendres la grandeur que tu soulois auoir: Nous vienne voir, ô Troye! ô Troye! et qu'il contemple l'instable changement du monde, à nostre exemple. (La Tr. 85. 1—10) (zu beachten ist in biesem Beispiele bie Abwechselung zwischen bem Conj. ohne unb mit que!). — Ainsi le bleu Neptun vous prospere au retour, Et vous face bien tost reuoir le chaste amour De vostre Penelope: ainsi vostre venuë Deride de Laert la vieillesse chenuë Et le Ciel puisse ainsi Telemaq' conseruer (La Tr. 117. 1023—1027).

b) Ait Cesar (= habeat C.) la victoire, ait mes biens, ait l'honneur D'estre sans compagnon de la terre seigneur, Ait mes enfans, ma vie au mal opiniâtre, Ce m'est tout un, pourueu qu'il n'ait ma Cleopatre: (Antoine. 180. 918—921) — Mais soyent (= sint) tant qu'ils voudront aux infernaux palus, Ce n'est pas la douleur qui me gesne le plus (Hipp. 21. 445) — Retienne (= retineat) le royaume, et nous mesmes plustost, Que prendre nos enfans en hostager depost. (Les Ju. 154. 1625) — Le soit (= sit) ou ne le soit, mon coeur est immuable. (Brad. 50. 1244).

Es findet sich aber auch häufig que mit dem Conj. z. B.
Que le fer flamboyant dans vostre poing nerueux
face aux plus aguerris herrisser les cheueux (Porcie 20.
111) — Et qu'un Brute puisse renaistre (Corn. 105.
619) — Or adieu mon enfant, que bien tost puisses-tu
Voir les champs Elysez, loyer de ta vertu. Que puis-
ses-tu bien tost dedans l'onde oublieuse Enseuelir mon
crime, et ta mort outrageuse. (Hipp. 80. 2379) — Usez
vers moy de grace: hé que mon fils ne meure, Que
pour mon reconfort, helas! il me demeure (La Tr. 117.
1029).

II. Der Conjunctiv im Nebensatz.

1) Der Conj. in einem concessiven Beding=
ungssatz war im Altfranz. (Riese 32) und im 15. Jahrh.
(Stimming 213) häufig anzutreffen, seltener später z. B. bei
Larivey (Vogels 504). — Bei Garnier finden sich ebenfalls
noch mehrere derartige Beispiele, namentlich, wenn „tant" für
„quelque-que" eintritt:

Ainsi donc nos soudars attisez de courroux, Attisez
de despit, se deliberent tous, Vueille ou ne vueille
Brute, esteindre l'infamie Qu'ils endurent moquez de la
langue ennemie (Porcie 62. 1497) — Elle ne veut rien
dire... Il faut que sa nourrice, ou vueille ou ne le
vueille, Me le disc en son lieu. (Hipp. 60. 1706) —
La crainte que lon a d'un mal tant soit extrême,
Trouble plus un esprit que ne fait le mal mesme. (Corn.
132. 1457) — Et que rien, tant soit-il fort, Immuable
ne sejourne, Mais est altéré du sort. (Antoine 178. 861)
— Les bestes des forests, tant fussent-elles fieres,
... N'ont peu vous offenser (Hipp. 75. 2199) — Ainsi
qu'on voit souuent... que l'alme amitié, tant soit elle
enuieillie, Auecques les honneurs et les biens est faillie.
(La Tr. 167. 2639) — Ce n'est rien de mourir: la mort
tant soit amere, N'est aux calamiteux qu'une peine -
legere (Les Ju. 108. 235).

2) Der Conj. im Objectsatz nach den Verben
der Vorstellung.

5*

Die moderne Grammatik verlangt nach den Verben des Denkens, Glaubens, Meinens, Darstellens, Empfindens, wenn sie affirmativ gebraucht sind, in der Regel den Indic., indem man die objective Auffassung gelten läßt. Selten steht der Conj. (Mätzner 343 — Mätzner, Synt. I. 145 — Diez III. 333). Das Altfranz. gibt jedoch der subjectiven, reflektirenden Auffassung weiten Spielraum und setzt demnach nach den bejahenden Zeitwörtern des Denkens ꝛc. (speziell gerne nach cuider) im abhängigen Satz den Conj. (Mätzner 343 — Mätzner, Synt. I. 148 — Vogels 505 — Riese 34. 7). Auch im 15. Jahrh., z. B. bei Commines (Stimming 212), sowie im 16. bei Montaigne (Glaun. 334), bei Larivey (Vogels 505), und selbst im 17. bei Voiture (List 13) und Pascal (Haase 72) hat sich dieser Gebrauch erhalten.

Auch bei Garnier lassen sich verschiedene Belege dafür anführen:

a) bei cuider: Mais, cuidant que l'on ait encore sentiment Apres que le destin deueloppe nostre ame, Ils priuent les meurtris de la funebre lame (Porcie 23. 242).

Dagegen mit dem Indic.: Vrayment je te regrette, et cuide fermement Que Brute et que Cassie ont fait injustement (Porcie 33. 550).

b) penser: Ce cheualier pensa que le fer sanguinaire De sa lance eust plongé dans l'aine de son frere (Antig. 40. 1101) — Approche d'Eteocle, et pensant qu'il deust estre du tout desanimé, comme il faisoit paroistre, Luy veut, comme vaincueur, le harnois arracher (Antig. 42. 1176) — Elle … Se rit de ma puissance, et pense volontiers Que pour le vain respect des Rois ses deuanciers, Elle n'y soit sugette, et que la felonnie Dont elle use enuers moy, luy doiue estre impunie (Antig. 64. 1846) — L'arrogant pense que son espee Ait contre ton vouloir nostre terre occupee (Les Ju. 162. 1871).

Dagegen mit dem Indic.: Je pense qu'il ne peut son malheur supporter (Antig. 69. 1951).

c) faire connaître: J'eusse par mon trespas fait connoistre à Pluton, Qu' à bon droit j'eusse esté la fille de Caton (Porcie 23. 230).

d) estimer: Estimant qu'auec soy Brute fust desconfict (Porcie 61. 1468) — J'ay depuis estimé, que ce fussent presages Du meurtre des deux Rois (Antig. 86. 2484).

e) croire: Desormais je croiray qu'une Louue outrageuse Nourrisse dans ses flancs une Brebis peureuse: Que d'un Pigeon craintif soit un Aigle naissant. (Antig. 9. 90).

f) espérer: Que ceste charge est dure! hé bons Dieux j'esperois Que tous mes maux je deusse amortir ceste fois, Que ma mort feust conclue, ô esperance vaine! (La Tr. 150. 2061).

III. Der Infinitiv.

I. Der substantivierte Infinitiv, im Altfranz., (Diez III. 216 u. 217 — Riese 37), sowie im- 16. Jahrh. (Darmest. 269 — Glauning (Marot) 22 — Glaun. (Mont.) 336 — Vogels 510 — Mätzner, Synt. I. 341 u. 342) gebräuchlich, ist auch bei Garnier in freiester Weise angewendet, und zwar findet er sich:

1) Mit dem best. und unbest. Art. (auch von einem Abjectiv begleitet):

Le penser importun de ma felicité Me plonge d'auantage en cette aduersité (Antoine 181. 934) — Le parler me defaut (Hipp. 68. 1975) — Les Sangliers, les Lions les Ourses montagneres N'ont peu vous offenser, et moy d'un parler feint Irritant vostre pere, ay vostre jour esteint. (Hipp. 75. 2201) — Hé hé le coeur me fend, La trop grande douleur le parler me defend (Les Ju. 123. 690) —

2) Mit dem Pron. demonstr.: Las! je l'ay veu meurtrir, Dieux! ce penser m'affole, Et dedans le gosier m'arreste la parole (La Tr. 87. 73.

3) Mit dem Pron. possess.: Si est-ce que leur lamenter Ne peut nos douleurs contenter. (Antoine

162. 351) — Où errent tes pensers? (La Tr. 105. 680)
— Les armes en la main soustriendrez vostre dire
(Brad. 51. 1276) — Elle se sent coupable Et reconnoist
assez mon dire veritable. (Brad. 55. 1380) — Vueillez
pour tout cela revoquer vostre dire (Brad. 56. 1396).

II. Die unter dem Namen Accusativus cum In-
finitivo bekannte Konstruktion tritt im Franz. erst mit dem
Ende des 14. Jahrh. auf. Dem Altfranz. der vorhergehenden
Periode war sie fremd. Im 15. Jahrh. gewinnt die Konstruktion
bedeutend an Terrain, jedoch erscheint sie in der Prosa häufiger,
als in der Poesie. Zu voller Blüthe gelangte sie im 16. Jahrh.,
während sie im Neufranz. wieder auf einen gewissen Kreis von
Fällen beschränkt wurde. (Vogels 511 — Darmest. 269 —
Diez III. 249 — Mätzner 419 — Mätzner, Synt. I. 320
— Riese 39). — Über den Gebrauch bei Marot siehe Glaun.
23, bei Montaigne, Glaun. 337. — Stark vertreten ist diese
Konstruktion auch bei Calvin (Grosse 261); weniger gebräuch-
lich ist sie schon bei Voiture (List 17) und Pascal (Haase
73). — Bei Garnier nun findet sie sich, dem Gebrauche seiner
Zeit gemäß, sehr häufig nach den Verben des Sagens,
Denkens, Wollens, Wahrnehmens, Erlaubens.
„Es ist das häufige Vorkommen dieser Konstruktion eben ein
charakteristisches Zeichen der Sprache der Renaissance", sagt
Gessner II. 9. γ.

Que le Gange Indien ... Raconte fremissant aux
terres qu'il trauerse, La Romaine grandeur tomber
à la renuerse. (Porcie 20. 134) — Qui maistres sur nos
coeurs comme dessus nos vies, Veulent nos libertez
vilement asseruies Suyure l'immanité de leurs affections
(Porcie 30. 492) — Mais il sera puni si ses vaisseaux
fuyars Attendent une fois le choc de nos soudars, Et
auec luy encor' la troupe conjuree, Qu'on dit par
desespoir s'estre là retiree (Porcie 41. 832) — Lors
Antoine ... Ne se pensant auoir victoire (= se
putans habere victoriam) qu'à demy Tant que Brute
viuant luy seroit ennemy: Commanda ... (Porcie 65. 1594)
— Ils se rencontrerent auec toutes leurs forces en ba-

taillo nauale pres le chef d'Actie, où M. Antoine, ayant,
sur l'ardeur du combat, descouuert sa Dame ...
faire voile, et se mettre en fuitte auec soixante
vaisseaux qu'elle conduisoit, fut si transporté d'entende-
ment que .. (Antoine 150. 19) — Et encore, ô prodige!
après qu'on veit le feu S'estre gloutonnement de son
beau sang repeu ... (Hipp. 16. 271) — Il faut preuoir
son mal, on diroit estre beste cil qui plaindroit le
joug qu'il s'est mis sur la teste (Hipp. 22. 491) — Un
que ne croiriez pas commettre un tel delict
(Hipp. 61. 1728) — Aussi qui souffre un crime
estre fait par autruy, S'il le peut empescher, offense
autant que luy. (La Tr. 129. 1439) — Je la feray mourir,
et sa soeur auec elle, Si je trouue sa soeur estre
de sa cordelle (Antig. 64. 1853) — De cet antre appro-
chez, nous trouuons la closture Auoir esté
brisée en capable ouuerture. (Antig. 88. 2552) — nostre
Dieu viuant ... qui jaloux n'endure Un homme
s'incliner deuant sa creature. (Les Ju. 103. 86) — Je
ne veux l'innocent souffrir pour le coupable (Les
Ju. 136. 1091).

III. A) Der reine Infinitiv als Subject, der
in der älteren Sprache (Stimming 214) und besonders häufig
auch im 16. Jahrh. auftritt (Grosse 260 — Vogels 512 —
Glaun. (Mont. 338)), auch noch im 17. Jahrh. zu finden ist
(Haase 73 u. 74), wo in der neueren Sprache der Infinitiv
mit „de" stehen würde, kommt auch bei Garnier ziemlich häufig
vor, obwol sich bei ihm nicht selten ein Schwanken zwischen dem
älteren und neueren Sprachgebrauche bemerken läßt. — Der reine
Infinitiv steht nämlich als logisches Subject nach dem
grammatischen Subject il oder ce
1) bei être mit einem Adjectiv:
Or comme il n'est loisible au desceu de son Roy
Abandonner la place, en luy faulsant la foy (Corn.
103. 545) — Mais las! t'est-il possible Le liurer,
pour souffrir une mort si horrible? (La Tr. 115. 953).

2) bei être mit einem Substantiv:

Lors quel plaisir m'estoit-ce, esleué dans les Cieux, Contempler ou le cours du Soleil radieux ... (Porcie 38. 709) — Est-il plus grief tourment que souffrir nostre Empire? (Porcie 53. 1203) — Quel plaisir ce luy est, quand la soif le tourmente, Boire au creux de sa main de la belle eau courante: Et contenter sa faim des bons fruits sauoureux (Hipp. 45. 1233) — O que c'est chose dure et qui tourmente bien, Se voir de maistre esclaue, et de Roy n'estre rien! (Antig. 32. 860).

Dagegen mit de: Est-il malheur plus grief que d'auoir souuenance D'auoir eu quelquefois une grande puissance (Porcie 56. 1295) — Il n'est trespas plus glorieux Que de mourir audacieux .. (Porcie 58. 1378) — C'est un acte prudent d'auancer une injure (Hipp. 53. 1497) — Je luy feray sentir que c'est temerité De vouloir contredire un amant irrité. (Antig. 80. 2302).

3) Bei unpersönlichen Verben:

Ainsi vous conuient-il estre aux vostres plus doux. (Porcie 42. 849) — Que si fauoriser te chaut Nostre chasseresse entreprise, Nous t'apprendrons ... (Hipp. 17. 301) — Rien ne sert à mon dueil le couurir de mensonge (La Tr. 112. 874) — Vous plaist-il commander encores quelque chose? (Antig. 61. 1756) — Le prions qu'il luy plaise effacer nostre faute (Les Ju. 117. 540).

Dagegen mit de: S'il vous plaist de grauir sur l'ombrageuse teste D'un coustau bocager, me voyla toute preste (Antig. 9. 73) — S'il vous plaist de mourir (Antig. 9. 77).

4) Dem logischen Subject ist gewöhnlich das relative „que" beigegeben. Im Neufranz. steht der Infinitiv mit „de". (Mätzner 421).

N'est-ce pas les priuer du bien heredïtaire Que le faire tomber en la main aduersaïre ... (Antoine 169.

560) — O que c'est une chose vile, Sentant son courage imbecile, Qu'au besoin ne pouuoir mourir! (Antoine 192.1320) — C'est se deceuoir seulement Que promettre, et fust-ce en serment, Quand on engage sa parolle D'autre chose qu'on ne cuidoit (Hipp. 67. 1929) — C'est donner à vray dire au rebelle un appas, Qu'en supporter le crime et ne le punir pas. (Les Ju. 108. 253) — Car c'est mé separer moyméme de moymémc, Que me priuer de vous, tant et tant je vous aime. (Brad. 25. 512).

Dagegen mit de: C'est presque guarison que de vouloir garir. (Hipp. 33. 842).

5) Wenn einem von einem Comparatiubegriffe abhängigen reinen Infinitiu ein zweiter Infinitiu mit que beigegeben wird, so erhält in der heutigen Sprache dieser zweite Infinitiu die Präposition de. Dies geschieht nicht bloß nach einem Subjectsinfinitiu, sondern auch nach einem Objects= infinitiu. (Mätzner 421 — Vogels 515).

Bei Garnier fehlt dieses de gewöhnlich:

J'affecte plustost voir nostre dolente Romme Serue des volontez de quelque Prince doux, Qu'obeir aux fureurs de ces Scythiques Lous. (Porcie 33. 564) — Ceux-là ont mieux aimé ... Honteusement seruir en de-mentant leur race, Qu'armez pour le païs mourir des-sus la place (Corn. 121. 1106) — Il vaudroit mieux mourir que viure en deffiance (Corn. 132. 1449) — J'ay mieux aimé mourir que faillir au deuoir (Antig. 68. 1914) — Qu'il t'eust bien mieux valu ... errer seule en danger Des lions Naxeans, qui t'eussent peu manger, Plustost qu'adoulouree, et de viure assouuie Trai-ner si longuement ton ennuyeuse vie: Plustost plustost que viure en un eternel dueil, Ne faisant jour et nuict qu'abayer au cercueil (Hipp. 20. 423—430) — Il ne peut receuoir effort plus violant Que voir deuant ses yeux sa mere bourrelant. (Les Ju. 136. 1035) — Et vau-droit mieux cent fois Mener paistre, bergere, un troupeau par les bois, Contente en son amour, qu'Emperiere du monde Regir sans son amy toute la terre ronde (Brad. 39. 917—920).

Dagegen mit de: On permettra plustost aimer celle qu'on aime, Que de communiquer an sacré diadême (Antoine 183. 1017) — Hà qu'il vaut beaucoup mieux Estre trompé, que d'estre aux siens fallacieux. (Antig. 28. 721) — souffrez la mort cruelle Plustost cent fois, que d'estre à vostre Dieu rebelle. (Les Ju. 158. 1736).

B) Der reine Infinitiv als Object steht, wie in der älteren Sprache und namentlich im 16. Jahrh. (Stimming 214 u. 215 — Glaun. (Marot) 24 — Glaun. (Mont.) 339 — Grosse 260 — Vogels 513 ff), auch bei Garnier bei vielen Verben, bei denen die neuere Sprache den Infinitiv mit einer Präposition setzen würde:

1) accoustumer: Tu as accoustumé tels propos alleguer Aux Rois tes compagnons, que tu veux subjuguer. (La Tr. 131. 1487).

2) affecter: Aussi que tant de maux ont mon ame outragee, Qu'elle affecte se voir de son corps desgagee. (Les Ju. 158. 1720) —

3) arrester: Nous auons arresté ne quitter ceste terre, Que n'ayons arraché la racine de guerre. (La Tr. 111. 845).

4) s'attendre: ô enfant deplorable! Que je m'attendois voir à mon Hector semblable En faits cheualeureux, et te veoir quelque jour Au throsne de Priam tenir icy ta cour. (La Tr. 119. 1086).

5) commander: Ils defendent les pleurs, et ne veulent souffrir Que lon regrette ceux, qu'ils commandent meurtrir. (Porcie 30. 498) — O l'estrange auanture! un pere veut desfaire Son petit enfançon premier que de le faire, Deuant que l'engendrer, et commande tuer Celuy qui le deuroit viuant perpetuer. (Antig. 15. 267) — de ce Roy la race lamentable, Qu'aux yeux du pauure pere il commande meurtrir. (Les Ju. 152. 1581).

6) contraindre: De vous que j'infortune, et que de main sanglante Je contrains deualer sous la tombe

relante. (Antoine 207. 1809) — Amour domte le coeur des hommes et des Dieux, Et les contraint aimer ce qu'ils ont odieux. (Hipp. 46. 1288) — Et toutesfois la mort me contraint desloger (Antig. 77. 2187) — Amour est bien aueugle ... De nous contraindre aimer si dissemblablement (Brad. 33. 729).

7) craindre: J'en ay honte, et mes yeux je n'ose hazarder De les leuer sur vous craignant vous regarder. (La Tr. 159. 2402) — Car craignant vous desplaire on ne l'ose entreprendre. (Antig. 71. 2005).

8) doliberer: Ainsi donc nos soudars attisez de courroux, Attisez de despit, se deliberent tous, Vueille on ne vueille Brute, esteindre l'infamie (Porcie 62. 1495) — fait cleuer des tours, s'y campe et delibere Par force l'enleuer des mains de l'aduersaire. (Corn. 137. 1593) — Il se delibere donner jusques en Grece pour tuer Leon, et despouiller Constantin de son Empire (Brad. 33. 2).

9) s'efforcer: Personne n'est pour luy, qui tesmoigner s'efforce (Hipp. 53. 1501) — Je rompray la cauerne, et si aucun s'oppose Et s'efforce empescher qu'elle ne soit declose, Je luy feray sentir que ... (Antig. 80. 2301).

10) enjoindre: Le grand Dieu .. Des hommes a les loix aux siennes conformé, Qu'il vous enjoint garder comme loix salutaires, Et celles rejetter qui leur seront contraires (Antig. 63. 1812).

11) entreprendre: hé, qu'à la mauuaise heure Tu entrepris forcer nostre palle demeure! (Hipp. 11. 84).

12) feindre: les anciens thresors et richesses de Troye, qu'elle feint auoir en partie enterrez sous les ruines de la ville, et en partie luy auoir apportez pour les garder à Polydore. (La Tr. 84. 38—41) — feint redoubler ses coups. (Brad. 45. 1112).

13) meriter: Je ne merite pas receuoir telle grace. (Les Ju. 139. 1196).

14) permettre: te permettant plonger Au trauers de son coeur ton poignard estranger (Hipp. 10. 49) —

Vous auęz le premier une injure commis, Que rester sans guerdon les grands Dieux n'ont permis. (La Tr. 167. 2614) — Permettez-nous pleurer nos enfans miserables (Les Ju. 156 1676) —

15) prier: Je vous pri' meurement vous mesme y regarder (Antig. 55. 1559) — Je vous pri pardonner à ce peuple captif. (Les Ju. 131. 949) — Mais pourtant je vous pri ne vous y vouloir prendre, Ains plustost dessur luy vostre douceur estendre. (Les Ju. 137.1123).

16) promettre: Car souuent elle nous deçoit, Promettant guarir la misere De celuy, qui ... (Antoine 190. 1269) — Neptune ... M'a promis .. M'octroyer par trois fois, trois des demandes miennes (Hipp. 64. 1826) — et promet se deporter (Brad. 4. 83) — Je me consacre à vous, et promets vous defendre (Brad. 69. 1752).

17) proposer: Ils sont plongez en mal, leur esprit ne propose Qu'ourdir et que tramer toute execrable chose. (Antig. 17. 350).

18) supplier: Aussi ne vous faut pas (et vous supply me croire) D'aucune cruauté souiller vostre victoire. (Antoine 199. 1524).

19) tâcher: Il fuira deuant vous comme deuant une Ourse, Qui tâche recouurer ses petits à la course. (Hipp. 33. 820).

IV. Der praepositionale Infinitiv.

A) Der Infinitiv mit ber Praeposition „de".

1) Wie in ben unter III. A. angegebenen Fällen neben bem reinen Subjectsinfinitiv auch ber Infinitiv mit „de" vor= kommt, so finbet sich auch „de" bei vielen, unter III. B. an= geführten Verben. (Die nämliche Wahrnehmung macht Stim- mung bei Commines p. 215., unb Vogels bei Larivey p. 523):

Commander: Mais ce forçant destin ne vous com- mande pas De vous tailler vous mesme un violent tres- pas. (Porcie 31. 517) — Il commande aux bourreaux de faire leur deuoir (Les Ju. 165. 1946).

Contraindre: Pirithois l'a contraint d'aller auec- ques soy. (Hipp. 24. 542) — Il est contraint de cheoir

(Hipp. 72. 2113) — Il me contraint de viure. (La Tr.
104. 631) — ceste authorité Les contraint de forcer tout
droict de picté. (Antig. 16. 307).

S'efforcer: L'esprit... S'efforça de briser sa prison
violante. (Corn. 98. 408) — Je m'efforceroy de les chanter
(Hipp. 1. 11) — tous ceux qui se sont efforcez de monter
sur leurs saints coupeaux (Les Ju. 95. 14) — ·

Enjoindre: mais le denoir m'enjoint De vous conter
le faict (Antig. 63. 1799) —

Entreprendre: hé, qu'il te falloit bien Entreprendre
d'aller au lict Plutonien (Hipp. 11. 82) —·

Feindre: Que maudit soit cent mille fois L'execrable
Cheual de bois, Que l'ennemi pour nous tromper Laissa
feignant de decamper (La Tr. 99. 448).

Permettre: Pluton ... Te permet de reuoir auec-
ques ce heros Ta fatale maison (Hipp. 11. 94) — Il ne
me fut permis de faire un plus long dueil, Il ne me fut
permis de le mettre au cercueil, Il ne me fut permis de
clorre ses paupieres, Et de dire sur luy les paroles
dernieres. (La Tr. 87. 95) —

Promettre: Adraste leur grand Roy s'estoit desja
promis De voir son Polynice en son thrône remis (Antig.
60. 1718) — promettre à Leon de luy liurer mon coeur,
Et d'estre de moymesme à son profit vaincueur? (Brad.
40. 957).

Prier: Nous pria de baster sa paresseuse mort
(Antoine 201. 1618) — Ils prioyent les bourreaux de
deferrer leur pere. (Les Ju. 164. 1924).

Supplier: Comme un grand chef guerrier, qui voit
ses gens en fuitte, Et plusieurs gros scadrons d'ennemis
à leur suitte, A beau les enhorter, les prier, supplier De
retourner visage, et de se rallier (Hipp. 14. 192). ·

Tâcher: Il nous faut aborder cet homme solitaire
Et tâcher d'amollir son naturel seuere (Hipp. 35. 872) —
tu tasches pour neant De me clorre l'enfer, qui est tous-
jours beant. (Antig. 11. 148).

2) Der Infinitiv mit „de“ steht bei Garnier bei Verben a) und Adjectiven b), welche jetzt „à“ verlangen. (Auch bei Montaigne kommen solche Verba vor (Glaun. 340)):

a) Apprendre: Elle apprit de chasser les bestes aux forests, Et de les enlacer trompeusement aux rets: De pescher .. De piper .. D'assujettir.. De sillonner la terre. (Porcie 39. 749) — Apprenez de ne croire aux plaintes sanguinaires (Hipp. 74. 2171).

S'apprester: Or sus flambante espee, or sus appreste toy, fidelle à ton seigneur, de te venger de moy (Hipp. 76. 2246).

Destiner: Je veux mourir vieillard, où je fus destiné De mourir enfançon si tost que je fus né. (Antig. 8. 32).

Inciter: Le vice ne doit pas les hommes inciter De le prendre à patron, à fin de l'imiter. (Hipp. 26. 602) — Or retourne à ta mere et si tu peux l'incite D'appaiser de ses fils la querelle maudite. (Antig. 18. 402) —

Dagegen mit à: Le mespris de la mort nous incite à mal-faire. (Antig. 65. 1873) —

Induire: Mais voyant à la fin que toutes ses amorces N'induisoyent nostre chef, d'aduenturer ses forces (Corn. 137. 1586).

Dagegen mit à: Pour l'induire à vouloir cet accord approuuer. (Brad. 32. 705).

Mouvoir und Emouvoir: Qui a son fils émeu de s'armer contre moy? Je ne sçay qui l'a meu de vous faulser la foy. (Les Ju. 137. 1121 u. 1122) — qui l'a meu de ce faire? (Brad. 59. 1459) —

Dagegen mit à: Supplie à l'Eternel, qui les courages meut Des grands Rois de la terre à faire ce qu'il veut. (Les Ju. 138. 1142).

Penser: Mais pensons d'ordonner du jour du mariage (Brad. 54. 1351).

Se plaire: Ah! tousjours tousjours un grand mal Se plaist de trouuer son egal. (La Tr. 147. 1990).

Renoncer: Et faudra quo les Grecs renoncent do pouuoir, Confinez à ces bords, leurs familles reuoir. (La Tr. 132. 1527).

Rencourager: Apres qu'il veit l'esclandre .. Qu'il veit son labeur vain à les rencourager De se rejoindre ensemblo ... (Corn. 142. 1784).

b) Von ben Adjectiven ist besonders „prêt" anzumerken, bas häufig mit „de" verbunben wirb, während es heute nur „à" bei sich hat. Übrigens sinbet sich auch bei Garnier „prêt à". Ferner ist nicht zu überseheu, baß für „prest de" gar oft bas moberne „près de" eintreten könnte.

Celuy qui vit mourant sous une roche preste De tomber à tous coups sur sa poureuse teste. (Porcie 18. 57) — Ainsi preste de voir la Carontide nasse Je n'auray ce plaisir de mourir en ta grace. (Antoine 164. 411) — De là tout le malheur, de là tout le mechef, Qui ja ja prest de cheoir penche dessur ton chef (Hipp. 11. 62) — à deux bras je couche Droit à luy mon espieu, prest de luy trauerser La gorge ou l'estomach, s'il se cuide auancer. (Hipp. 14. 207) — Dites ce qu'il vous plaist, je suis prest de l'entendre (Hipp. 48. 1337) — Autrement autrement de mourir je suis preste. (Antig. 48. 1360) — Je seray tost armec, et preste d'e ranger Auec le fer luisant ce fascheux estranger. (Brad. 39 925).

Dagegen mit à: Accourez, hastez-vous repoussez les tisons Ja ja prests à lancer sur les toicts des maisons. (Antig. 21. 493) — Trop tost à vostre dam vous verrez la pauurette Preste à Faire descente en la tombe muette. (Antig. 92. 2677) —

Als zweites Abjectiv, bas Garnier mit „de" verbinbet, ist mir accoustumé aufgefallen:

Des Princes le Tyran, tu es accoustumé D'auoir de nouueau feu l'estomach allumé. (La Tr. 130. 1460).

3) Wie Commines (Stimming 216), Montaigne (Glaun. 339) unb Larivey (Vogels 525) stellt auch Garnier ben Infinitio mit „de" als Subject a) ober als Object b) zuweilen an bie Spitze bes Satzes:

a) D'enterrer un mechant est-ce chose legere? (Antig. 72. 2028) — J'entendray volontiers cette estrange auanture, Si de la nous conter ne vous est chose dure. (Brad. 67. 1680).

b) De poursuiure un parjure appellez-vous malheur? (Antig. 33. 912).

4) Wie bei Montaigne (Glauning 340) steht auch bei Garnier der Infinitiv mit de absolut in Vertret= ung eines Conjunctionalsatzes:

Ce malheur est conjoint au sceptre Agenoride, De s'acquerir tousjours auecques parricide (= qu'il s'acquiert — Antig. 16. 309) — Il faut qu'il soit vaillant et d'un braue courage, Aux combats resolu, d'estre auecque danger Venu du bord Gregeois sur ce bord estranger (= parce qu'il est venu — Brad. 14. 210) — Vous me faites mourir de vous voir souspirer (= si je vous vois — Brad. 32. 708) — Amour est bien aueugle aueugle il est vrayment, De nous contraindre aimer si dissemblablement (= parcequ'il nous contr. — Brad. 33. 729) — Charles et tout le Louure Se riront bien de moy, d'auoir homme peureux Usurpé le loyer d'un homme valeureux (Brad. 59. 1469) (= parce que j'ai usurpé.).

B. Der Infinitiv mit der Praeposition „à“.

Die Praep. „à“, die in der ältesten Zeit viel häufiger gebraucht wurde, als ihr Nebenbuhler „de“, verlor allmählig ihren Einfluß, namentlich im 15. und besonders im 16. Jahrh. (Vogels 526 und 527). Nur hie und da kommt sie nochmals zu ihrem Rechte, so bei Commines (Stimming 216 und 217) Montaigne (Glaun. 341), Larivey (Vogels 527) und Calvin (Grosse 263).

Bei Garnier gilt in dieser Beziehung Folgendes:

1) Die Verba s'efforcer, contraindre und tâcher haben neben dem bloßen Inf. und dem Inf. mit „de“, wie bereits unter III. B. und IV. A. erwähnt wurde, auch den Inf. mit „à“:

Je sens mon mal s'aigrir, D'autant que je m'efforce
à vous le desconnrir (Porcie 74. 1875) — Les peuples
et les chefs à plorer sont contrains. (La Tr. 145. 1915)
— Où auecques les mains je tasche à me conduire (La
Tr. 166. 2599) — Mes enfans ... taschent d'effort
contraire A s'entredespouiller du sceptre hereditaire.
(Antig. 21. 479) — le pere ... S'outrage de ses fers, se
voître contre terre, Et tasche à se briser le test contre
une pierre. (Les Ju. 167. 1992).

2) „à" ſteht bei laisser und delaisser in der
Bedeutung des modernen „cesser de":

Delaissez maintenant, cruelles delaissez A
punir les chetifs qu'ores vous punissez. (Porcie 18. 35) —
Depeschez, Compagnons, lairrez-vous pour les cris D'une
femme à parfaire un ouurage entrepris? (La Tr. 116. 992).

3) „à" ſteht bei projeter wo jetzt „de" gebräuchlich iſt:
J'ay grand' peur qu'il projette à faire un mauuais
tour. (Antig. 73. 2067).

4) Auch das Abjectiv dédaigneux, das jetzt „de"
verlangt, konſtruiert Garnier mit „à":

Desdaigneux à poursuiure une ame miserable
(Porcie 55. 1263).

C. Der Infinitiv mit der Präpoſition „pour".

Der Infinitiv mit pour vertritt im Neufranz. oft einen
finalen oder causalen Nebenſatz. Dabei ſind aber zwei Be=
bingungen zu erfüllen, 1) daß beim zweiten Fall der Inf. per-
fecti ſtehe (Beiſpiele des Inf. Praes. mit pour in kauſaler
Vebdeutung ſind ſelten), und 2) daß in dem einen, wie in dem
anberen Falle das Subject des Inſin. mit demjenigen des re=
gierenden Satzes identiſch ſei. Die ältere Sprache kannte der=
artige Einſchränkungen noch nicht. (Vogels 530). Wie ſich nun
bei Commines (Stimming 218) und bei Larivey (Vogels
530) viele biesbezügliche, von dem modernen Sprachgebrauche
abweichende Conſtructionen ſinden, ſo auch bei Garnier. Selbſt
noch im 17. Jahrh. bei Pascal (Haase 79 u. 80) iſt bieſe
Freiheit der älteren Conſtruction anzutreffen. — Vei Garnier
iſt Folgendes zu beachten: Es ſteht

I. Der Inf. des Praes. mit pour im Caufalfaß.

Die Subjecte der beiden Sätze find gleich:

Mais ce ne sont les Dieux, ny Crasse mon espoux,
Qui pour tienne me voir nous poursuiuent jaloux,
C'est un malheur couuert .. (Corn. 95. 282) — Et quoy?
pour s'entre-aimer commet-on tant de mal? (Hipp.
23. 513) — O mon bel Hippolyte, et ne voyez-vous pas,
Que pour vous trop aimer j'approche du trespas?
(Hipp. 39. 1048) — Elle veut .donc. mourir pour me
reuoir en vie? (Hipp. 58. 1645) — Je l'aime pour
luy voir de sa face les traits, Et pour ses membres
voir des siens les vrais pourtraits (La Tr. 114. 947) —
Penses-tu pour m'oster de la dextre le fer, Pour
m'oster un licol, ourdy pour estouffer, Pour des-
tourner mes pas des roches sourcilleuses, Et pour me
réculer des herbes venimeuses, M'empescher de mourir?
(Antig. 11. 143) — Il pense tesmoigner Pour les siens
n'espargner, Qu'il fait justice egale (Antig. 76. 2150).

II. Der Infin. mit pour im gefürzten Caufal=
ober Finalfaß, deſſen Subject mit dem des Haupt=
faßes nicht identiſch iſt; und zwar bezieht ſich das Subject
des Infinitivs a) auf das birefte Object des Haupt=
faßes; b) es iſt aus dem Zuſammenhang zu ergänzen:

a) J'ay meurtry mon enfant, mon cher enfant
(ô blasme!) Pour n'avoir pleu, trop chaste, à ma
mechante femme! (Hipp. 78. 2322) — Mais las! t'est-il
possible Le liurer pour souffrir une mort si horrible?
(La Tr. 115. 954) — Les Grecs l'ont estendu Dans le
boucler d'Hector, pour vous estre rendu. (La Tr.
147. 1972) — Nous l'auons apporté pour vos pleurs
receuoir, Et auecque sa soeur mesme sepulchre auoir
(La Tr. 155. 2269).

b) Moindre n'est mon tourment, ny moindre ma dou-
leur, Pour voir à tout le monde un semblable malheur.
(Corn. 99. 442) — Peut estre esmouuras-tu des Gregeois
le courage, Pour n'estre si boüillans au sang et au
carnage (La Tr. 117. 1010) — Nos plaintes n'y font

rien: les royaumes perdus Ne sont pour lamenter
par Jupiter rendus. (La Tr. 159. 2398) — Pourquoy ne
craignez-vous de l'offensor comme eux? Pour ne
craindre la mort remede à ma misere. (Antig. 65.
1872) — Pour estre Roy, sa faute est elle plus petite? (Les
Ju. 110. 284).

D) Ähnliche, jetzt als inforrekt angesehene Infinitiv-
konstruktionen wie bei pour, finden sich auch bei sans a),
deuant que b) und apres c). (Vergl. Vogels·531 —
Haase 80):

a) Pleust à Dieu, mon amy, que vous sceussiez
ouurir Les secrets de mon coeur, sans vous les de-
couurir (= ohne daß ich sie dir zu entdecken brauche! —
Hipp. 50. 1392) — vos yeux (estrange chose!) Luy ont
vostre beauté dans la poitrine encloso, Sans jamais
l'auoir veue. (= ohne daß er sie gesehen hat! — Brad.
27. 558).

b) Permets, permets qu'au moins je le puisse em-
brasser Et plorer dessus luy deuant que trespasser
(= bevor er stirbt! — La Tr. 119. 1076) —

c) Toy, mechant desloyal, le pire de la terre, Tu as
induit ton peuple à me faire la guerre Apres t'auoir
fait Roy, t'auoir au throne mis De ton pere, et pour
toy les justes Rois demis (= nachdem ich dich zum König
gemacht ... Les Ju. 145. 1377).

IV. Das Participium.

I. Das Participium des Praesens.

A. Die schon im Altfranz. herrschende, irrige Ansicht, das
franz. Particp. Praes. verdanke seinen Ursprung nur dem la-
teinischen Participium und nicht auch dem lateinischen Gerun-
dium (Bruno p. 4 — Mätzner, Synt. I. 344), war Veran-
lassung zu der schwankenden und unsicheren Behandlung des
Particp. hinsichtlich seiner Veränderlichkeit. So zeigen schon im
14. Jahrh. Participalformen, welche lediglich von dem unveränder-
lichen lateinischen Gerundium herkommen (Vogels nennt dieses
Particp. treffend „participales Gerundium"), das Plural
„s". Die Verwirrung nahm im Laufe der Zeit immer mehr

zu, und im 15., aber noch weit mehr im 16. Jahrh. kam eine
Verwechselung des veränderlichen Particp. mit dem unveränderl.
Gerund. unzählige Male vor, so daß man letzterem nicht allein
das Plural „s" verlieh, sondern manchmal auch das „e" des
Femin. . Die Unsicherheit hinsichtlich der Congruenz der
Formen auf „ant" dauerte bis ins 17. Jahrh. fort. Inzwischen
hatte sich bei den Grammatikern des 16. und noch energischer
bei denen des 17. Jahrh. eine starke Reaktion zu Gunsten des
Gerund. geltend gemacht.

Man bezweckte nämlich, dieses wieder in seine alten Rechte
einzusetzen, d. h. die Formen auf „ant" mit rein verbaler Be=
deutung als „invariables" zu erklären. Diese zeitgemäße Re=
aktion fand ihre Sanktion in dem 1679 erfolgten Beschluße der
Akademie, die Particp. Praes. seien nicht mehr zu deklinieren.
(Siehe hiezu die trefflichen, grünblichen Auseinandersetzungen bei
Vogels 534—543, bei List 17 u. 18, und Glauning (Marot
26 und 27, wo die diesbezüglichen, von den Grammatikern des
16. und 17. Jahrh. aufgestellten Regeln zusammengestellt sind.
— Die Veränderlichkeit der Formen auf „ant" bei einzelnen
Autoren wird ferner besprochen bei Stimming (Commines)
219 u. 220; Glauning (Marot) 26 u. 27 — Glaun. (Mont.)
342 u. 343 — Grosse (Calvin) 264 u. 265 — Vogels (Larivey)
540 u. 541 — List (Voiture) 18 u. 19 — und Haase (Pascal
81 u. 82)) — Bei Garnier ist in dieser Beziehung Folgendes
zu merken:

1) Neben dem, nach den heutigen Regeln unveränderlichen
Particp. finden sich äußerst zahlreiche Beispiele, wo das Par-
ticp. mit dem Plur. „s" versehen ist. (Vergl. hiezu die
von Bruno p. 10 citierten Beispiele aus verschiedenen Autoren,
wo das Particp. das Plur. „s" angenommen hat.)

a) Mit Beziehung auf ein masc.:

Porcie: 13. 7: ayans joint toutes leurs forces —
19. 88: Portans le joug au col — 26. 343: Ses
beufs, trainants d'un col lassé Le soc ennuyeux
renuersé — 27. 391: Que nos Empereurs enflammez,
Estendans leurs bras desarmez — 59. 1387: Se
consacrans à la patrie — 61. 1447: Puis s'estans

quelques jours tenus dans leurs rampars C r a i g n a n s
de hasarder le sang de leurs soudars — 62. 1489:
Les a p p e l l a n s craintifs.

C o r n e l i e: 114. 895: Puis s'en e s t a n s seruis — 140.
1715: Comme deux forts Lyons c o m b a t a n s pour
l'amour — 140. 1723: Puis s ' e s t a n s reposez.

H i p p o l y t e: 11. 65: Ne v o u l a n s les grands Dieux
— 56. 1605: S'il y a des Dieux a y a n s soing — 73.
2137: Ses chiens autour de luy piteusement h u r l a n s.

L a T r o a d e: 85. 20: les Scythes felons Qui habitent
e r r a n s dessous les Aquilons — 142. 1812: les Tygres
f o u l a n s le Caucaside mont — 148. 2025: Pyrrhe
et son vieil mari R e s t a n s seuls du monde peri.

A n t i g o n e: 4. 53: Les Argiens d'autre part v o y a n s
celuy mort, pour lequel ils auoyent prins les armes,
et se s e n t a n s merueilleusement affoiblis — 23. 541:
Ja les fiers escadrons s ' e n c o u r a g e a n t s entr'eux
— 87. 2527: E s p a n d a n s maints soupirs, maintes
pleurs e s p a n d a n s.

L e s J u i f u e s: 99. 23: tous moyens de recouurer viures
leur e s t a n s ostez — 124. 715: e r r a n t s par les
places dolentes — 124. 731: n'a y a n s corps de garde.

B r a d a m a n t e: 3. 18: Leon et son pere, comme e s t a n s
cause de son mespris — 8. 35: Ils ont domté l'Asie et
l'Afrique, c o u r a n s de riuage en riuage — 63. 1580:
Ne v o u l a n s autre Roy que luy seul reconnoistre.

b) Mit Beziehung auf ein fem.:

Ils se camperent vis-à-vis d'eux, pres de la ville de
Philippes, où s ' e s t a n s liurez deux tressanglantes ba-
tailles (Porcie 14. 16) — Pleurons et pleurons encor La
mort funeste d'Hector, R e u e i l l a n s nos pleurs antiques
(Hecuba spricht zum Chor der troyanischen Frauen! — La
Tr. 90. 180) — Leurs femmes, l a m e n t a n s sur leurs
corps hasardeux (La Tr. 97. 388).

2) Hinsichtlich der Veränderlichkeit der Partici-
pialformen auf „ant" mit Bezug auf ein fem. im
sing. ist Folgendes zu beachten:

a) **Nichtübereinstimmung** zeigt sich in den Sätzen:
Ah! me falloit-il donc, deuant que des Enfers je
veisse pallissant les abysmes ouuers.. (Porcia spricht!
— Porcie 23. 218) — Nous auons veu la plaine ondoyer
rougissant Et dessous tant de corps la terre gemis-
sant (Corn. 88. 39) — Non non je suis heureuse en mon
mal deuorant, De mourir auec toy, de t'embrasser mou-
rant (mourant bezieht sich auf Cleopatra! — Antoine 212.
1963) — un espoux desloyal qui .. Me laisse desolee ..
Sur ce bord estranger languissant de tristesse
(languissant bezieht sich auf Phedre! — Hipp. 20. 396) —
Elle tourne et retourne en elle Mainte mensongere cau-
telle, Ardant de venger son refus (Hipp. 55. 1573) —
Besonders auffallend ist die Nichtübereinstimmung in dem Satze:
Si que d'une cité jadis si trionfant Seulement il ne
reste où cacher un enfant (La Tr. 106. 691 — „trionfant"
ist doch hier reines Verbaladjectiv! Sollte die Übereinstimmung
mit cité etwa des Reimes wegen (enfant!) unterblieben sein?).

b) **Übereinstimmung** findet sich in einigen, den soeben
angeführten analogen Fällen:
Me falloit-il parmy tant de Romaines ombres, Que
le fer de Tyrans precipite là bas, Mourante esperonner
mon paresseux trespas? (Porcie 23. 222) — Tu (= Romme)
roules perilleuse, et le vent qui te berse Decà delà flo-
tante, à demi te renuerse. (Corn. 89. 78) — Outragez
vostre face: helas! pour qui mourantes Voulons-nous
conseruer nos beautez languissantes? (Antoine 213. 1988).

B. Wie bei Commines (Stimming 220), Larivey (Vo-
gels 544) und noch bei Pascal (Haase 82. b), kommt auch
bei Garnier der Fall vor, daß bei der Participialkonstruktion
das Subject des Participialsatzes nicht immer mit
dem des Hauptsatzes übereinstimmt, sondern daß
es sich auf ein Pron. possess. im Hauptsatz bezieht
a) und daß im Hauptsatz überhaupt kein Wort
vorhanden ist, worauf sich das Subject des Parti-
cipialsatzes beziehen könnte, sondern daß dieses
aus dem Zusammenhang ergänzt werden muß b).

Es sind dies Constructionen, die dem Altfranz. eigen (Vogels
544. 2), die aber auch dem Neufranz. nicht unbekannt sind
(Mätzner 429—431):

a) Ils (= les Immortels) ont ja tant de fois nostre
attente trompee Suyuant sous cest espoir le parti de
Pompee (= seitdem wir folgen! — Porcie 32. 532)

b) Ce qui fut executé, en le precipitant d'une
tour. (= indem man ihn herunterstürzte! — La Tr. 83. 8)
— Or estans sur ce partement, l'Ombre d'Achille ap-
parut (= als man war! — La Tr. 83. 9) — Nos enfans
d'une dure main Sont arrachez de nostre sein, Auecques
pareil creue-coeur Qu'en nous arrachant nostre coeur.
(= als wenn man herausreißen würde! — La Tr. 101. 532)

II. Das Participium des Perfects.

Die Übereinstimmung des mit „avoir" verbundenen
Particp. der Vergangenheit mit dem direkten Object war
im Altfranz. sehr frei, d. h. man konnte sie eintreten lassen oder
nicht, gleichviel ob das direkte Object dem Particp. vorausging
oder folgte. (Mätzner 535 — Mätzner, Synt. I. 362 —
Diez III. 295 — Vogels 552 — Darmest. 271). Auch die
Ansichten und Lehren der Grammatiker des 16. Jahrh. hinsicht-
lich der Übereinstimmung des mit avoir verbundenen Particp.
Perf. gehen sehr auseinander, und die altfranz. Freiheit ist auch
bei den Schriftstellern dieser Periode noch nicht erloschen, die
neufranz. Regel noch lange nicht durchgedrungen. (Vogels 553
— Vergleiche hiezu auch die Auseinandersetzungen Glauning's
(Marot 27 u. 28) und List's 19 u. 20, wo die Lehren der
Grammatiker des 16. u. 17. Jahrh. angegeben sind.)

Auf die Freiheit des Mittelfranz. hinsichtlich der Congruenz
des mit avoir verbundenen Particp. Perf. wird auch von
Domke „über die franz. Participien" p. 3 hingewiesen und
erwähnt, daß die Übereinstimmung des Part. Perf. mit voraus-
gehendem Object erst von Amyot consequent durchgeführt wird
und nach manchen unklaren Auffassungen der Grammatiker da-
durch ihre Sanktion erhält, daß die Akademie die Regel aufstellt,
das Part. Perf. habe mit dem vorausgehenden direkten Object
zu congruieren.

Abweichungen von den heute geltenden Regeln bei einzelnen
Autoren führen an: Riese 41 aus Froissart, wo das Partcp.
mit dem folgenden direkten Object übereinstimmt — Glauning
28 u. 29 aus Marot. Bei diesem Schriftsteller stimmt das
Particp. a) in der Regel mit dem vorausgehenden direkten
Object überein; Ausnahmen sind wenige, und scheinen nur dem
Reime zu Liebe vorhanden zu sein; b) auch findet nicht selten
Congruenz des Particp. Perf. mit dem nachfolgenden Accusativ
statt. — Auch bei Montaigne ist die Übereinstimmung des
Particp. Perf. mit dem vorausgehenden direkten Object Regel,
bei Rabelais dagegen wiegt die Nichtcongruenz vor (Glauning
(Mont. 344)) — Bei Calvin findet ebenfalls Übereinstimmung
des Particp. Perf. mit dem vorausgehenden direkten Objecte
statt; Ausnahmen sind sehr selten (Grosse 266). — Vogels
führt p. 553 aus Larivey eine Reihe von Fällen an, wo die
Übereinstimmung mit dem vorausgehenden direkten Objecte ver=
nachlässigt ist. Auch findet sich bei dem genannten Schriftsteller
keine Übereinstimmung mit dem folgenden direkten Object (Vogels
554). — Aus Voiture citiert List p. 20 u. 21 verschiedene
Beispiele, wo das Part. Perf. mit dem vorausgehenden direkten
Object nicht übereinstimmt, es mag dies ein persönl. Fürwort
oder ein Relativpronomen sein. Auffallend ist bei diesem Autor
auch die Nichtcongruenz des mit être verbundenen Part. mit
dem Subject, sowie die Nichtcongruenz des als Attribut ge=
brauchten Particp. Perf. — Auch bei Pascal ist die Übercin=
stimmung oft vernachlässigt, wie Haase p. 83 u. 84 zeigt.

Die Freiheit des altfranz. Sprachgebrauches hinsichtlich der
Congruenz des Part. Perf. mit dem direkten Object, wie sie
sich bei den genannten Autoren des 16. und 17. Jahrh. zeigt,
tritt nun bei Garnier in ganz besonderer Weise zu Tage, und
neben unzähligen Beispielen, in denen die Regeln der modernen
Grammatik genau beobachtet werden, läßt sich eine große Reihe
von Fällen citieren, in denen die heute geltenden Regeln nicht
berücksichtigt sind. Es ist im Einzelnen Folgendes hierüber zu
bemerken:

A. Das Particp. Perfecti stimmt mit dem
vorausgehenden direkten Object nicht überein; dieses

mag nun ein perſönl. Pronomen a) oder ein Pron. relat. b) oder ein invertiertes Substantiv c) ſein.
— Die Übereinſtimmung kann wol nicht dem Reime zu Liebe allein unterlaſſen ſein, da ſich viele Beiſpiele finden, bei denen das Particp. Perf. in der Mitte des Satzes ſteht.

a) Cesar ... Nous a suivy par tout. (Corn. 122. 1153) — Tandisque j'ay vescu, je t'ay veu, ma Cité, Tousjours porter au col une captivité. (Hipp. 10. 25) — Qui m'a remis en vie? (Phedre ſpricht! — Hipp. 47. 1311) — Ce ventre t'a porté (te bezieht ſich auf das vorausgehende Subſt. femme! — Hipp. 52. 1467) — Ainsi des bons Dieux sauueurs Les faueurs, : t non la prouesse humaine, Nous ont gardé maintenant ... (Antig. 59. 1673) — Qui les a teint de sang (Les Ju. 102. 57).

b) Entre mille trespas, entre mille trauerses, Que j'ay souffert sur terre, et sur les ondes perses, La Parque me dedaigne (Corn. 135. 1538) — Si moy (= Cleopatre), qu'il a tousjours plus aimé que sa vie ... (Antoine 170. 579) — Quand je songe aux pitiez que de mes yeux j'ay veu (Antoine 199. 1546) — par ces cheres mamelles, Que vous auez pressé de vos léures nouuelles (Hipp. 33. 836) — Je tremble et je fremis de la glaceuse peur Que vos flambans harnois m'ont coulé dans le coeur. (Antig. 29. 777) — Des holocaustes pacifiques Qu'il luy auoit sacrifié. (Les Ju. 112. 354) — De tant de passions que j'ay souffert, Madame (Les Ju. 122. 668) — une mauuaitié Qu'il a fait à quelqu'un (Les Ju. 171. 2118) — plus grands sont les bieufaits Que j'ay receu de vous que ceux-la que j'ay faits (Brad. 62. 1538).

c) Cesar ayant mené à fin ceste guerre, et toutes les villes du pays reduit en son obeissance, retourna à Rome. (Corn. 85. 33) — Pourquoy des fiers Gaulois la guerriere jeunesse Auez-vous repoussé de nostre forteresse? (Corn. 110. 804) — Et Pompé de qui les beaux jours Tu as fauorisé tousjours (Corn. 119. 1051) — Toy seule, Cleopatre, as trionfé de moy, Toy

seule as ma franchise asseruy sous ta loy (Antoine
154. 32) — J'ay ma dextre laué dans le sang de mon
pere (Antig. 15. 297) — Vous auez l'inhumant mes
edicts transgressé (Antig. 65. 1875) — Cettuy-cy sa
patrie a saccagé par guerre (Antig. 66. 1880) —
Qui a ... Tes femmes violé (Les Ju. 102. 85) —
Qui m'ont par tant de fois ces eclandres predit
(Les Ju. 144. 1345) — Je sçay bien .. Que j'ay trop
justement mes peines merité. (Les Ju. 170. 2106).

Dagegen ift Congruenz vorhanden in: Ils ont à toute
chose une fin ordonee (Antoine 167. 511) — Qui ont
de ma grandeur les plus grands biens receus
(Autoine 179. 871) — Aussi les Dieux du ciel, qui ont
cette Cité Bastie (Antoine 196. 1458) — Tousjours
tousjours les grands ont leurs ames esprises (Hipp.
32.807)—Il a toute la Grece arrangee en bataille.
(Antig. 21. 498)—Est-il vray? auez-vous cette faute
commise? (Antig. 63. 1800) — Mais deuant que le
jour ait sa course finie (Les Ju. 107.211)—Si Dieu
n'eust dessur nous ses yeux de grace ouuers (Brad.
9. 84).

Die sämmtlichen unter a, b und c angeführten Beispiele
ließen sich noch durch viele andere vermehren. Eine bei „La
Troade“ speziell vorgenommene Zählung ergab folgendes Re=
sultat: Unter 32 Fällen findet 18 mal keine Ubereinstimmung
mit dem vorausgehenden direkten Object statt; 14 mal dagegen
congruiert das Particip. Perf. mit dem vorausgehenden Akkusativ=
object.

B. Es findet Ubereinstimmung des Part. Perf.
mit dem folgenden direkten Object statt in folgenden
Beispielen:

Ceste Race de Brute a premiere bannie De nos
superbes Rois la dure tyrannie. (Porcie 34. 579) —
Ains auecque le sang semblent qu'ils leur ont peinte
Au fond de l'estomach et la fuite et la crainte.
(Porcie 49. 1083)—Là les trionfes ont couuerts Nos
Empereurs de Lauriers verds. (Antoine 206. 1778)

Si tost qu'il fut sorti de la ville fort blesme, Et qu'il eut attelez ses limmoniers luymesme, Il monte dans le char (Hipp. 69. 1984) — J'ay enclose Antigone en une cane noire (Antig. 91. 2636).

V. Congruenz des Praedicats mit dem Subject hinfichtlich des Numerus.

Es kommen bei Garnier verfchiedene Fälle vor, wo das Verbum im sing. ftel)t, wäl)renb nad) den l)eutigen Regeln wol der plur. erforderlid) wäre. Es ift dies eine Freil)eit, die fid) nid)t allein Garnier erlaubt, fonbern aud) andere Autoren der älteren Zeit bis in's 17. Jal)rl). (Riese 18 — Stimming 195 — Grosse 250 — Darmest. 273 — List 40 — Haase 85).

Es ift im Einzelnen hierüber Folgendes zu beachten:

1. Das Verbum ftel)t häufig im sing., obwol das Subject aus mel)reren, mitunter fagar mit „et" verbundenen Subftantiven beftel)t:

O debile Vertu! maintenant voy-je bien Que ta force et faneur que je suinois n'est rien (Porcie 64. 1576) — Et ces grandes citez ... Dont la fierté, la force et le pounoir sembloit Menacer l'Uniuers. (Corn. 101. 489) — Abominable race, où plus qu'en tout le monde La traison, la luxure et l'homicide abonde. (Corn. 113. 880) — La force, la raison, la prenoyance humaine, La pieté denote, et la race y est vaine. (Antoine 167. 488) — Sa face et sa poitrine estoit de sang baignee (Antoine 202. 1637) — comme un homme esperdu, Que l'esprit, la memoire, et le sens abandonne (Hipp. 15. 225) — Agamemnon le Roy Et l'exercite Grec... vous mande.. (La Tr. 149. 2059) — Car bien que l'Achaie et l'Inachie ensemble... en vostre camp s'assemble (Antig. 33. 895) — C'est elle (= la Justice) que la veufue Et le foible orphelin ... A sa defense treune. (Antig. 75. 2115) — Le coeur tousjours demeure en sa libre franchise, Mais le front et la voix bien souuent le desguise. (Brad. 17. 297).

II. Das mit être umschriebene Verbum stimmt mit einem, ihm zunächst stehenden Substantiv überein und ist (in der Regel nur das Hilfszeitwort) zu den folgenden, in einem anderen Numerus stehenden Substantiven zu ergänzen. Heute müßte es wol wiederholt werden:

A la seconde, B r u t e qui estoit demeuré seul chef de ses partisans, f u t entierement d e s c o n f i t, s e s g e n s mis en route, et s o n c a m p f o r c é (Porcie 14. 20) — De soudars' estrangers horribles en leurs armes N o s t r e terre est couuerte et nos peuples de larmes. (Antoine 160. 262) — N o s t r e c o e u r est f a i l l i, n o s esperances mortes (Antoine 160. 266) — Le temple f u t p i l l é et embrasé, la ville mise à feu et à sang, et g r a n d n o m b r e d e s e i g n e u r s et a u t r e s du populaire e m m e n e z pour esclaues. (Les Ju. 99. 30) — T o n c o e u r o b s t i n é f u t et t e s s e n s e n d u r c i s (Les Ju. 102. 51) — L e s e n f a n t s f u r e n t m a u d i t s, L u y c h a s s é de Paradis .. (Les Ju. 105. 154) — L e c e r n e f u t b i e n f a i t, l e s t o i l e s bien te̦ndues (Les Ju. 129. 891).

III. Das Verbum steht im sing. bei mehreren mit „non“ aneinandergereihten Substantiven, obwol „non .. non ..“ die Negation von „et .. et ..“ ist:

N o n la crainte des Dieux, et du grondant tonnerre, N o n l'amour que lon doit à sa natale terre, N o n des antiques loix le sceptre à tous egal, N o n la chaste amitié du lien cojugal, N o n le respect du sang, n o n l'amour ordinaire Du pere à ses enfans, des enfans à leur pere, Ne p e u t rien contre un .coeur, que le soin furieux De maistriser chacun, maistrise ambicieux. (Corn. 115. 939—945).

IV. Das Verbum steht im sing. bei „l'un et l'autre“. Hier gestattet übrigens auch die moderne Grammatik sowol den plur., als auch den sing. (Mätzner 358):

Il n'a pas faict mourir vostre frere Lucie, De Lepide il n'a pas la vieillesse accourcie: Combien que l'un et l'autre en ses mains s o i t tombé .. (Antoine 184. 1038).

V. Das Verbum steht im sing. bei „la plu-
part“, während heute der plur. gefordert wird:

et à l'instant se donna une cruelle et sanglante ba-
taille, où mourut la plus part des deux armees ..
(Antig. 4. 45) — La plus part des delicts se fait
par imprudence (Antig. 70. 1993).

Dagegen steht bei „la plus grand' part“ das Verbum
im plur.:

La plus grand' part du peuple et des chefs estoyent
morts (Les Ju. 123. 705) — Dessous ses murs démolis
comme en communs cimeteres Demeurent enseuelis La
plus grand' part de nos freres. (Les Ju. 151. 1555).

VI. Wenn ein Relativpronomen als Subject mit der 1.
oder 2. Person des Pron. pers. in Beziehung steht, so congru-
iert das Verbum des Relativsatzes mit der 1. resp. 2. Person
des persönl. Fürwortes. Diez (III. p. 372) führt zwar einige
Beispiele aus Corneille und Molière an, wo die 3. Person gesetzt
ist, fügt aber hinzu, daß die Grammatik dagegen ist. — Bei
Garnier findet sich nur ein einziges Beispiel, bei welchem die
3. Person steht, nämlich:

Ce fut moy qui en eut la principale cure (Antig.
67. 1893).

Dagegen steht das Verbum in der 1. Person, wo
man nach Diez III. 373 heute wol besser die 3. setzen würde:

Aussi bien suis-je assez punissable, estant celle
Qui au monde ay produit ce Roy vostre rebelle (Les
Ju. 137. 1104) — Es-tu seul des mortels Qui n'ayes
entendu publier mes cartels? (Brad. 48. 1194).

Präpositionen.

A. Die Präposition „de“.

I. Der Wegfall des partitiven „de“ nach dem
neutralen Pron. indef. „rien“ ist bereits bei diesem erwähnt
(Indefinitum V. 2. p. 50!)

II. Im Altfranz. wurde zur Bezeichnung des Urhebers beim Passiv oft „de" gebraucht, wo die heutige Sprache „par" vorzieht (Mätzner 372 — Mätzner, Synt. I. 209). Diese Anwendung von „de" für „par" findet sich auch nicht bloß im 16. Jahrh., sondern noch bei allen Autoren des 17. (Grosse 288 — Stimming 200 — List 23 — Haase 21). — Für den Gebrauch bei Garnier mögen folgende Beispiele zeugen:

Si le verneux Hector ... Ne fust mort combattant sur la Troyene poudre, Des Gregeois assailly .. (La Tr. 98. 415) — Les vieillards par pitié sont de Pyrrhe esgorgez. (La Tr. 131. 1476) — Deuorez des troupeaux de la monstreuse mer (La Tr. 153. 2194) — Nos murs sont engloutis de flammes vagabondes (La Tr. 96. 361) — Dagegen steht par gleich im nächsten Vers: Leurs vaisseaux periront engloutis par les ondes — Pour n'estre des Corbeaux ny des Loups deuoré (Antig. 71. 2003) — Ils .. Ont esté deuorez des ondes aboyantes (Brad. 10. 113).

Auch zur Bezeichnung des Mittels gebraucht Garnier „de", wo man heute „avec" oder „par" setzen würde (so später auch noch Pascal (Haase 22). Übrigens ist auch im Neufranz. „de" nicht ganz ausgeschlossen (Mätzner, Synt. I. p. 208)):

Dames Troyennes, qui le saisissent aussi tost, et luy creuent les yeux de leurs aiguilles (La Tr. 84. 44) — Ou pendant à mon col d'un poignard le tûra (La Tr. 104. 620) — Or vous Grecs frauduleux, qui d'armes deloyales ... Auez renuersé Troye aux ondes Stygiales. (La Tr. 153. 2179) — Nous la deuestons nuë, et de l'onde marine Luy nettoyons sa playe .. (La Tr. 155. 2259) — On me perça les pieds d'une broche flambante (Antig. 15. 277) — Et luy cernant d'un fer la prunelle des yeux (Les Ju. 167. 2002).

III. „De" steht bei einzelnen Verben a) und Adjectiven b), wo heute eine andere Präposition gesetzt werden müßte.

a) 1. **s'allier de** q., jeßt à oder avec q. (Sachs!):
son pere Scipion … occupa la plus part de l'Afrique, et
s'allia de Jube Roy de Numidie (Corn. 85. 17) —
mon fils … S'allia de Nechon (Les Ju. 135. 1050).
Einmal steht pour: Antoine le sçait bien, qui de
toute la terre N'a Prince qui pour luy s'allie en
cette guerre (Antoine 193. 1373).

2. **servir de** qc., zu etwas dienen; jeßt à qc. (Sachs):
Cela ne sert de rien (Corn. 113. 882).

3. **s'appuyer de** qc., jeßt sur qc. (Sachs): Donnez-
moy mon baston, que de luy je m'appuye (La Tr. 124.
1244).

4. **mesler** qc. **de** qc., jeßt mêler qc. à oder avec
qc..(Sachs): A ces mots il tomba sur le corps de son
frere, Meslant son tiede sang de son sang aduersaire
(Antig. 43. 1193).

5. **se plaire de** qc., jeßt à qc. (Sachs): Octaue,
est-il tourment, est-il supplice tel, Dont se doiue tant
plaire un ennemy mortel? (Porcie 56. 1298).

b) Von den Abjectiven ist mir nur fecond aufge-
fallen, das mit „de" verbunden wird. Daneben findet sich aber
auch die heute gebräuchliche Praepos. „en":
Quoy? verrons-nous tousjours ceste Ville feconde
De nouueaux nourriçons seigneurier le monde? (Porcie
19. 85) — Ore elle nous monstre le front De mille
liesses fecond (Corn. 118. 996) — O Thebes, mon pays,
d'hommes guerriers feconde (Antig. 77. 2181).
Dagegen „en": jadis elle estoit feconde En joy-
euses prosperitez (Porcie 22. 198) — O fiere Babylon,
en outrages feconde! (Les Ju. 167. 2004).

IV. In der neueren Zeit nimmt das Substantiv mont
ein appositives Substantiv stets ohne die Casuspräposition „de"
zu sich (Mätzner 483). Garnier verbindet die beiden Sub-
stantiva auch durch „de":
Sur le mont de Sipyle (Antoine 163. 368).
Dagegen: Le mont Ide tonna du grand fracasse-
ment (La Tr. 125. 1293).

V. De in Verbindung mit par, das jetzt fast nur noch im Kanzleistil üblich ist, (Mätzner 406), findet sich wie früher (Mätzner, Synt. I. 292 — Stimming 207) bei Garnier in dem Ausbruck „de par Dieu":

Or allez de par Dieu, le bon-heur vous conduise (Antig. 57. 1620) — Or allez de par Dieu chetiues creatures (Les Ju. 157. 1699) — Or allons de par Dieu, rendons leur ce deuoir (Les Ju. 169. 2073) — Allons donc de par Dieu (Brad. 41. 973).

VI. Garnier gebraucht, wie dies bis in's 16. Jahrhundert hinein gebräuchlich war (Darmest. 275. 6), die Praepos. de in Sätzen wie:

On ne sçauoit alors que c'estoit de la guerre (Porcie 39. 731) — Bien-heureux, qui ne sçait que c'est de cupidon (Hipp. 40. 1067) — Il ne sçait, innocent, que c'est d'un tas de vices (Hipp. 44. 1213) — Que c'est de nostre vie, helas bons Dieux que c'est Des choses de ce monde, où n'y a point d'arrest! (Hipp. 65. 1863) — Heute müßte „que" stehen, statt „de"!

VII. Zu merken ist der präpositionale Ausbruck „de force de" neben dem modernen „à force de":

Et toutefois mes yeux ont espuisé leurs veines De force de pleurer mes desastreuses peines (Antoine 211. 1917) —

Dagegen: Sus qu'on la serre au corps, Et qu'à force de coups on luy sacque dehors Auec les fouetz sanglans, les secrets de sa Dame (Hipp. 61. 1708).

Hier möge auch gleich der gleichbedeutende Ausbruck „à puissance de" erwähnt werden:

J'ay l'estomach plus chaud que n'est la chaude braise, Dont les Cyclopes nus font rougir leur fournaise, Quand au creux Etnean, à puissance de coups, Ils forgent, renfrongnez, de Jupin le courroux (Hipp. 21. 457).

VIII. Die Casuspräposition „de" muß jetzt vor aneinandergereihten Substantiven mit oder ohne attributive Bestimmungen regelmäßig wiederholt werden. Das Altfranz. war in dieser Beziehung weniger beschränkt. (Mätzner 414 —

Mützner, Synt. I. 313). Auch vor Infinitiven ist die Wieder=
holung heute erforderlich. Das Altfranz. läßt aber auch hier
wieder die Praep. auf mehr als ein Glied wirken (Mützner
415 — Mützner, Synt. I. 313 u. 314). (Was aber speziell
die Prosalitteratur des 13. Jahrhunderts betrifft, so weist Klatt
p. 15—18 nach), daß die Wiederholung der Praep. (es gilt
dies von allen Präpositionen) vor jedem Substantiv und vor
jedem Infinitiv Regel war). Jene Freiheit der Nichtwieder=
holung der Praep. kann man bis zum 17. Jahrh. verfolgen,
wo sie indessen nur mehr selten wahrzunehmen ist und von den
Grammatikern getadelt wird (Grosse 292 — Glaun. (Mont.)
419 — List 22 u. 23 — Haase 26).

Daß auch Garnier dem Sprachgebrauche seiner Zeit folgt
und die Praep. „de" sehr oft nicht wiederholt, wo
dies heute geschehen müßte, beweisen folgende Beispiele:

a) Beim Infinitiv:

Elle apprit … D'assujettir au joug les Toreaux
indomtables, Et leur faire escorcher les terres laboura-
bles, De sillonner la terre, et dans son large sein
Enfermer tous les ans un nourrissable grain. (Porcie
39. 755) — Las! ce n'est pas assez de s'estendre
bien loing, De courir l'Uniuers de l'un à l'autre coing,
Tenir toute la terre à nostre main sugette, Et voir
sous mesme joug l'Ethiope et le Gete (Corn. 91. 141) —
que gaignez-vous De vous plomber ainsi la poitrine
de coups? D'outrager vostre face, et par impatience
Offenser vos cheueux qui n'ont point faict d'offense?
(Hipp. 54. 1518) — auez-vous eu l'audace De l'offendre,
et tuer son innocente race? (La Tr. 164. 2524) — Vostre
honneur est de veincre et sçauoir pardonner (Les
Ju. 148. 1449) — Quelle fureur, mon frere, a vostre
esprit espoint De quitter vostre Dame et ne la reuoir
point? (Brad. 49. 1226).

Dagegen: O grand malheur de craindre et de
n'esperer rien! (La Tr. 104. 636) — je ne me puis souler
De vous voir Polynice, et de vous accoler. (Antig. 28.

733) — Mon honneur est de veincre et de reguerdonner
(Les Ju. 148. 1450).

b) Beim Substantiv. (Vergl. auch die Wiederholung
des Artikels!):

Aux plus profonds deserts d'Espagne, et Getulie
(Corn. 105. 640) — Nous reposions enseuelis De vin
et sommeil, en nos lits (La Tr. 100. 498) — Un
enfant heritier Des sceptres et vertus d'un Prince
si guerrier. (La Tr. 109. 772) — Incontinent accreu d'âge
et force (La Tr. 109. 777) — mais c'est tout ce que
je vous puis donner de tesmoignage du respect et
obeissance que je vous porte (Les Ju. 96. 41) — Aux
champs Bulgariens mon pere guerroyoit, Et d'hommes
et cheuaux la campagne effroyoit (Brad. 67. 1682).

B. Die Präposition „à".

I. „à" tritt in Verbindung mit „par" auf bei persönlichen
Fürwörtern (wie früher (Stimming 207)):

Puis ayant à par soy (= bei sich!) sa mort deter-
minee, Languissante s'assied pres de la cheminee (Porcie
75. 1900) — Mais tandisque le Prestre, à par soy mur-
murant (= bei sich murmelnd!) Maints et maints mots
sacrez va les Dieux adjurant (La Tr. 145. 1919) — Et
retraite à par moy (= in mich selber zurückgezogen!) je
n'ay l'entendement Occupé jour et nuit que de ce pense-
ment (La Tr. 143. 1847).

II. „à" ist gebraucht in Verbindung mit dem präpositionalen
Ausdruck „faut de", während heute dieser allein genügt. („à
faute de" findet sich auch noch bei Pascal an einer Stelle,
wurde aber früher häufig gebraucht und begann erst im 17. Jahrh.
verdrängt zu werden (Haase 31)):

Il n'a pas eu loisir de l'engainer, au moins Nous
auons un bon gage, à faute de tesmoins (Hipp. 54. 1508).

Für „à" tritt auch „par" ein in dem Satze: Secourez-
moy, ma vie, et ne changez à tort, Par faute de pitié,
mon amour à la mort. (Hipp. 40. 1052).

III. „à" fiubet fid), wo wir heute „dans" feßen würden; ein Gebraud), ber noch im 17. Jahrh. fehr gewöhnlich war (Haase. 28): La terre se poitrist, et toute la campagne, Qui volloit en poussiere, au sang Romain se bagne. (Corn. 140. 1690) — Il ne me fut permis de le mettre au cercueil (La Tr. 87. 96) — Apres que tu as .. logé leurs ossemens Aux antiques monumens (La Tr. 92. 248).

IV. Verfd)iebene Verba haben à nad) fid), bie heute eine aubere Conftruction verlangen:

1) s'affronter à q., jeßt affronter q.: Ore ce Scipion.. S'est osé affronter à mes bandes guerrieres (Corn. 128. 1365).

2) auoir son attente à qc., jeßt mettre son att. en qc. (Sachs!): Quiconque a son attente aux grandeurs de ce monde ... Me vienne voir chetiue! (La Tr. 85. 1).

3) confronter à, jeßt avec, felten unb nur wenig gebräud)lid) à (Sachs): Encor Electre, encor que j'ameine tes pleurs, Et que je les confronte à mes presents malheurs (Porcie 30. 478).

4) fauoriser à q., jeßt mit bem Acc. (Sachs!): fauorisez à Brute (Porcie 36.641)—Pensez comme aujourd'huy les Matrones pudiques Inuoquent les bons Dieux dans nos temples antiques, Les yeux battus de pleurs, à fin que leur vouloir Soit de fauoriser à nostre saint deuoir (Corn. 139. 1652).

5) se fonder à qc., jeßt sur qc. (Sachs!): Quiconque au fresle bien des Royaumes se fonde .. Me vienne voir chetiue (La Tr. 85. 2).

6) prendre à gebraud)t Garnier, äl)nlid) bem mobernen „prendre à témoin", in ben Ausbrücfen „prendre à femme" unb „prendre à patron". (Es ift bies ein Reft bes Altfranz. (Mätzner 366)): Pluton l'a prise à femme, et en est possesseur. (Hipp. 25. 558) — Le vice ne doit pas les hommes inciter De le prendre à patron (Hipp. 26. 602).

7) prier à q., jeßt mit bem Acc. (Sachs!): Je prie aux Immortels, et sur tous à toy Pere, A toy grand Jupiter nostre dieu tutelaire (Corn. 87. 1).

8) requerir à q., jeßt req. q. de qc. (Sachs): ils
ont bien argument De requerir à Dieu qu'il dure longue-
ment (Einleitung zu Porcie 7. 174) — Je requiers aux
bons Dieux de me donner ce poinct (Brad. 25. 502).

9) supplier à q., jeßt q.: Enfant .. Supplie, si tu
peux, à la noire Atropos Que bien tost auec toy je deuale
en repos (La Tr. 147, 1963).

V. Hinfichtlich der Wiederholung der Praep. „à“
gilt dasselbe, was bei „de“ gesagt wurde. — Wie bei Montaigne
(Glaun. 420) wird auch bei Garnier gar oft „à“ nicht wieder-
holt, wo dies heute geschehen müßte. (Vergl. auch die Wieder-
holung des Artikels!):

a) Vor dem Subftantiv und dem Pronomen:

Certainement je repute nostre prouince heureuse de
vous auoir ses chefs, à l'Eglise, la Justice, et le
faict politique du gouuernement. (Corn. 80. 25) —
Vous verrez ce discours amplement traité ... Au cin-
quiesme liure des guerres ciuiles d'Appian, et quarante
troisiesme de Dion. (Corn. 86. 43) — Sçauez-vous que
je veux à vous et vos enfans? (La Tr. 160. 2422)
— Quiconque en soit l'autheur ... Et à ta race et toy
portoit horrible haine (La Tr. 164. 2520) — Ton nom
s'est espandu fameux Au Gange et Araxe escumeux
(Antig. 19. 439). — Au contraire si onc vostre coeur
pitoyable, A vostre pere et moy fut jamais agreable
(Antig. 45. 1253) — il se retira auec sa cour en la ville
de Reblate .. relaissant la charge de l'armee à Nabu-
zardan et autres vaillans capitaines (Les Ju.
99. 21) — A sexe ou qualité le soldat ne pardonne
(Les Ju. -124. 748) — Il ne peut rien souffrir que je ne
le ressente, A son bien et son mal je suis partici-
pante (Les Ju. 136. 1096) — qu'ils se battent tous deux
A la lance et l'espee (Brad. 56. 1406).

b) Beim Infinitiv:

à plaindre je me pris, A crier, me destordre,
et contre le ciel mesme Vomir de grand fureur mille
outrageux blasphémes (Corn. 98. 415) — nostre Empe-

reur .. alloit d'un oeil serain Visiter tous ses rangs les prescher à combatre, A charger, soustenir d'un coeur opinâtre. (Corn. 138. 1630) — Mais j'ay beaucoup à craindre et beaucoup endurer (Les Ju. 122. 678) — Employons nostre vie à soupirer et plaindre (Les Ju. 168. 2051) — Leon ... Commence à la presser, la suiure, la contraindre (Brad. 45. 1111).

· VI. Von der im Altfranz. verbreiteten Ellipse der Casuspräposition findet sich bei Garnier wol nur das einzige Beispiel „si Dieu plaist", wo die Praep. „à" ausge= laſſen iſt. (Auch bei Rabelais kommt nur dieser eine Fall vor, bei Montaigne dagegen mehrere (Glaun. (Mont.) 329):

Si fera si Dieu plaist (Les Ju. 121. 645) — Non fera, si Dieu plaist, je n'en ay point de peur (Les Ju. 152. 1589) — Non ferez si Dieu plaist (Brad. 31 688).

C. Die Präpoſition „en".

I. Bei Garnier findet sich häufig die Zuſammen= ziehung von „en" mit dem beſt. Art. „les" in „és", eine Verbindung, welche im Altfranz. und noch im 16. Jahrh. (bei Montaigne z. B. (Glaun. 347)) ſehr gewöhnlich war und ſich bis heute, allerdings nur in gewiſſen Verbindungen, erhalten hat (Haase 32 — Siehe auch den beſt. Art. I!):

Pour ne venir és mains d'un ennemy barbare. (Porcie 61. 1469) — Vous verrez ce discours amplement traitté en Plutarque és vies de Pompee, de Cesar, et de Caton d'Utique (Corn. 86. 40) — et volé bien auant és cieux (La Tr. 127. 1344) — Antoine, [ayant trauersé és pro- uinces d'Asie fut tellement espris ... (Antoine 150. 3) — Et à ceste fin s'estant fait secretement introduire de nuit és prisons (Brad. 3. 45).

II. „en" tritt ſehr häufig für „dans" ein, was ein Reſt des altfranz. Sprachgebrauches iſt (Diez III. 119 — Mätzner 402 — Mätzner, Synt. I. 273) (Auch bei Montaigne (Glaun. 346) iſt „en" viel häufiger als „dans"; ebenſo wird bei Voiture (List 24), unb bei Pascal (Haase 32) „dans“ burdj „en“ vertreten):

a) beim beftimmten Artifel (Vergleidje biefen!): Porcie: 19. 97: en la terre — 25. 297: en la plaine — 29. 264: en la mort — Cornelie: 85. 4: en la defaicte — 98. 396: en la main — Antoine: 160. 254: en la mer — Hipp.: 31. 759: en la terre — La Tr.: 92. 269: en la guerre — Antig.: 86. 2465: en la rue — Les Ju.: 148. 1448: en la victoire — 155. 1633: en la cour.

„En“ ftebt audj in bem Ausbrud „en la fleur“, jebt „(dans) à la fleur“: Mais las! deuant leurs jours, en la fleur de leur âge ils ont vomi la vie en Martial orage (La Tr. 168. 2647) — En la fleur de vos ans? (Antig. 45. 1272).

(Einmal finbet fidj audj „sur la fleur“: Quand Crasse ton mary sur la fleur de ses jours Emporté de Belonne emporta tes amours (Corn. 94. 253)).

b) beim unbeft. Artifel: En un cruel repas (Porcie 19. 80). — en un aire (Porcie 25. 303) — en une bataille (Corn. 98. 395) — en une espoisse nuit (Brad. 8. 27) — en un parc (Brad. 9. 79).

c) beim Pronomen possess.: La Troade: 83. 2: en leurs maisons — 84. 28: en son premier estat — 84. 41: en sa tente — 100. 498: en nos lits.

d) beim Pron. demonstr.: La Troade: 98. 432: en ce lieu — 99. 444: en ce mal — 121. 1159: en ceste isle.

e) beim Pron. interrog. u. indef.: La Troade: 121. 1165: En quelle part? — 89. 141: en tout cest espace — 121. 1169: en tous autres lieux: — Antoine: 158. 196: en quelque part.

f) vor Namen von Sdjriftftellern in ber Bebeut= ung „bei“, wo beute ebenfalls „dans“ gebraudjt wirb: en Plutarque — En Hirtius (Corn. 86. 40 unb 41).

III. Der Gebraudj von „en“ vor Stäbtenamen war altfranz. (Diez III. 170 — Mätzner, Synt. I. 275) unb nodj im 17. Jabrb. fannte man ibn (Mätzner 402). Haase bemerft

p. 32., daß „en" besonders gerne vor biblischen und solchen Städtenamen gebraucht wurde, welche mit einem Vokal anfangen. — Auch bei Garnier finden sich mehrere Belege für den älteren Sprachgebrauch:

Et de Rome Cesar trionfe en Rome mesme. (Corn. 121. 1100) — Pourueu que ce ne soit en Sparte (La Tr. 121. 1168) — et le menerent auec toute sa maison en Antioche (Les Ju. 99. 38) — Ce fait l'enuoya chargé de pesantes chaisnes en Babylon (Les Ju. 99.44).

IV. „en" verbindet sich mit verschiedenen Verben, die heute eine andere Construction verlangen:

1) prendre plaisir en qc., jetzt à qc. (Sachs): Nous n'auions qu'un vouloir, nous n'auions qu'un desir, En ce que l'un aimoit, l'autre prenoit plaisir (Porcie 70. 1741).

2) habiter en a), während heute der bloße Acc. steht; indeß kommt auch bei Garnier der Acc. vor b).

a) La mort en nos terres habite (Corn. 93. 219) — Las! seroit-ce celuy qui en Cedar habite? (Les Ju. 101. 22) — Elle... pense qu'immortelle en ce monde j'habite (Les Ju. 113. 388).

Auch „à" findet sich: un rocher, auquel habitoit un vieil Hermite (Brad. 2. 5).

Ebenso sur: ce deuôt Hermite Qui au milieu des flots sur une Roche habite (Brad. 21. 389). — Le meilleur cheualier qui sur la terre habite (Brad. 60. 1484).

Ebenso dessous: les Scythes felons Qui habitent errans dessous les Aquilons (La Tr. 85. 20).

b) O Royne des forests, qui habites les monts (Hipp. 42. 1131) — Belle ame, si encor vous habitez ce corps (Hipp 75. 2213) — Jusqu'à quand ma pauure ame habitera ce corps? (Brad. 39. 929).

3) songer en qc. (so auch bei Voiture (List 23)), jetzt songer à qc. (Sachs): Tu ne songes qu'en elle (Antoine 156. 105) — Je ne songe qu'en elle (Antoine 180. 912).

Einmal ſteht b e r A c c.: Embrassez ses genous, songez ce que vous estes (La Tr. 117. 1042).

4) e n t r e r e n, jetzt dans: Nos portaux nous mettons à bas Renuersez de nos propres bras Pour le faire en la ville entrer Et à Minerue le monstrer (La Tr. 100. 475).

Einmal ſteht d e d a n s: entrerent auecque leurs armees dedans Rome (Porcie 13. 9).

5) s e p l o n g e r e n, jetzt dans (Sachs): Tout chacun se plonge en festins (La Tr. 100. 487).

6) c o m m e n c e r e n q c. = mit etwas den Anfang ma= chen, jetzt com. par: ils deuront commencer En moy leur parricide (Antig. 23. 569).

V. Hinſichtlich der Wiederholung von „en" gilt das nämliche, was bei „de" und „à" geſagt iſt. Garnier läßt näm= lich auch hier gar oft die Praep. „en" auf mehrere Subſtantiva wirken, wo wir ſie jetzt vor jedem einzelnen wiederholen müßten (Mätzner 415):

et qui pourra … p l o n g e r e n d o u l e u r s, e n l a r m e s e t r e g r e t s Un jour qu'il sera grand, les fa- milles des Grecs. (La Tr. 118. 1055) — Magnanimes enfans, à qui ne s'egalerent Aucuns des Phrygiens, et moins les surpasserent E n v e r t u s e t p r o ü e s s e (La Tr. 168. 2645) — Je vous seray compagne e n b o n e t m a u u a i s s o r t (Antig. 9. 56) — Confits e n c r u a u t e z, e n f r a u d e s e t o u t r a g e s (Antig. 17. 346).

Dagegen iſt „en" vor jedem Subſtantiv wiederholt in: La ville est toute en pleurs, et en gemissement, En plaintes, en regrets, tout crie horriblement (Antoine 203. 1658).

D. Die übrigen Präpoſitionen.

D a n s ſteht einmal bei „attacher", wo jetzt à gebraucht wird: Ou dans le ciel attache un Comete crineux (Einleit= ung zu Porcie 5. 42).

Dagegen: Ainsi que par chainons attachez à sa langue (Einleitung zu Porcie 6. 92).

Dedans ist altfranz., läßt sich aber bis in's 17. Jahrh. verfolgen (Mätzner 404 — Diez III. 169 — Glann.(Mont.) 346 -- Darmest. 275 — List 24). (Heute findet sich „dedans“ noch in Verbindung mit „en“ und „par“. Beispiele hiefür bei Mätzner 404 und Mätzner, Synt. I. 274 und 275): entrerent auecque leurs armees dedans Rome (Porcie 13. 9) — dedans l'Orque deuale (Porcie 18. 30) — nos peuples espars Vous r'assemblez, leur Roy, dedans nouueaux rempars (La Tr. 105. 676) — le cault ranisseur La passa dedans l'Europe (Antig. 25. 613) — M'engraua dedans l'ame une amitié soudaine (Brad. 34. 767).

Dessus a) und dessur b) sind bei Garnier, wie früher (Stimming 207), ebenfalls noch reine Praepositionen:

a) faites dessus la plaine ondoyer vostre sang (Porcie 20. 115) — Qui maistres sur nos coeurs comme dessus nos vies, veulent ... (Porcie 30. 491) — je ne verray plus Esclairer dessus moy la torche de Phebus (La Tr. 138. 1700) — Le peuple ... Grimpe dessus les tours et dessur les rampars (Antig. 39. 1083).

b) comme les Colombelles Craignent quand le Vautour vient fondre dessur elles (Porcie 28. 424) — Je preuoy ja mainte tempeste Et maint orage menaçant ... S'aller dessur nous eslançant (Hipp. 54. 1538) — Et s'entre-sont tuez? Tous deux dessur la place (Antig. 37. 1005).

Devant wurde im Altfranz. auch von der Zeit gebraucht (Diez III. 183 — Mätzner 395 — Mätzner, Synt. I. 263 — Riese 61 — Stimming 204). Dies war auch noch im 16. und 17. Jahrh. der Fall (Darmest. 276 — List 25 — Haase 37). Für den gleichen Gebrauch bei Garnier mögen folgende Belege sprechen:

Son voisin ennemy, que la Discorde palle Longtemps deuant ses jours dedans l'Orque deuale (Porcie 18. 30) — et mille autres ... deuant leurs jours sont morts (Antoine 161. 292) — Mais las! deuant leurs jours en la fleur de leur âge Ils ont vomi la vie en Martial orage (La Tr. 168. 2647).

Encontre für „contre" ift altfranʒ. (Diez III. 184 —
Mätzner 398 — Mätzner, Synt. I. 268 — Riese 61 —
Stimming 204), und findet fich auch noch im 16. Jahrh. ʒ. B.
bei Marot (Glauning 30) und Calvin (Grosse 292). Auch
Garnier gebraucht es unterfchiebslos neben „contre":

Toy · qui armas le Gendre encontre le Beau-pere
(Porcie 17. 5) — monstrez vostre valeur Encontre ce
Pompee (Porcie 55. 1266) — Et que peut nostre effort
Encontre une Deesse, et encontre le sort? (Hipp.
53. 1472) — C'est une pure fraude ourdie encontre
moy (Brad. 55. 1381).

Alentour de für das moderne „autour de" ift alt-
franʒ. (Diez III. 182), kommt aber noch im 17. Jahrh. vor
(Mätzner, Synt. I. 305 — List 25). Garnier gebraucht es
ʒiemlich häufig:

Rome, il faut qu'alentour de la ronde machine
Lon entende aujourdhuy le son de ta ruine (Porcie 20.
129) — Et ne voyant personne à l'entour du foüyer
(Porcie 75. 1902) — Ayez à vostre porte, Et à l'entour
de vous une garde bien forte (Corn. 132. 1446).

Vers für „envers" ift altfranʒöfifch (Diez III. 185 —
Mätzner 398 — Mätzner, Synt. I. 269), läßt fich aber noch
bis in's 17. Jahrh. verfolgen (Haase 35). Bei Garnier findet
es fich neben „envers" noch fehr oft:

Et vers un bienfaicteur vous estes faicts ingrats
(Corn. 112. 870) — Contre les ennemis me monstrant
valeureux, Et apres le combat pitoyable vers eux. (An-
toine 185. 1079) — Elle rend vers les Dieux L'homme
religieux (Antig. 75. 2110).

Devers wurde im Altfranʒ. auch für „vers" gebraucht
(Diez III. 185 — Stimming 207). Jetzt ift es veraltend
(Mätzner 398 — Mätzner, Synt. I. 269). Bei Garnier
kommt ein biesbeʒügliches Beifpiel vor:

Allons faire au temple priere A Pallas la vierge
guerriere, Des genoux la terre pressant Les deux mains
vers le ciel dressant: Et penchez deuers la Deesse,
La supplions .. (Hipp. 54. 1527).

Einmal ist „devers" verstärkt durch „par", das so im Alt=
franz. bei Verben der Bewegung gebraucht wurde (Mätzner,
Synt. I. 270):
Je voy Marphise seule, allons p a r d e u e r s elle.
(Brad. 49. 1223).

E n t r e steht bei Garnier, dem älteren Sprachgebrauche
gemäß, (wie bei Voiture (List 25) und Pascal (Haase 36))
für das jetzt gebräuchliche „parmi":
Il erre aux Elisez e n t r e les saintes Ombres (La
Tr. 92. 266) — Ainsi ce jeune enfant coleré de se voir
E n t r e ses ennemis ... Monstroit dessur le front le despit
de son ame (La Tr. 145. 1908) — Estre de cent citez
et de cent peuples maistre, Voire e n t r e tous les Rois
un monarque apparoistre (Antig. 84. 2437) — celuy qui
leur est venerable e n t r e tous (Les Ju. 95. 7).

F o r s , das jetzt veraltet ist (Sachs), findet sich, wie
früher (Stimming 205 — Glauning (Marot) 30) auch bei
Garnier noch ziemlich häufig:
Ils sont tous par Helene aux Enfers descendus, f o r s
le prudent Helen et Cassandre (La Tr. 139. 1717) —
Ores j'ay tout quitté, f o r s toy mon Antigone (Antig.
16. 301) — Aussi tout perit dedans, f o r s ceux qui
eurent, prudens, L'arche de Dieu pour refuge (Les Ju.
106. 176).

M i t f o l g e n d e m „ q u e " : Il n'est si mortelle poison,
Qui ne treuue sa guarison: Tout, f o r s q u'amour, se
rend curable (Hipp. 36. 913) — Le silence est par tout,
tout est coy par le monde f o r s q u'en ton ame seule
où l'amour fait la ronde. (Hipp. 41. 1106).

Daneben kommt auch mit dem Acc. das moderne „h o r s"
vor: La representation en est h o r s les portes de la ville
de Thebes. (Antig. 5. 83).

Auch „h o r s m i s d e" ist präpositional gebraucht in der
Bedeutung des modernen „hormis" mit dem Acc.: Puis
s'estans quelques jours tenus dans leurs rampars Crai-
gnans de hasarder le sang de leurs soudars H o r s m i s
d e quelques uns qui ... (Porcie 61. 1449).

Osté mit dem Acc. ist gleich dem lateinischen „praeter‟ und kommt nach Sachs auch jetzt noch vor in der Verbindung „ôté cela.‟:

Tout ce large contour, tout cet horrible espace .. Nous sert, nous obeït, nous reuere, nous craint, Osté quelque mutin qui sera tost attaint, Osté tant seulement ce corsaire Pompée (Porcie 41. 826).

Par ist in temporaler Beziehung zu beachten in der Bedeutung von „pendant‟. Noch bei Pascal (Haase 35) wird es so verwendet:

Telle du Pylien fut la douce faconde, Qu'on dit auoir vescu par trois siecles, au monde (Einleitung zu Porcie 6. 88).

Die Verbindung von „par‟ mit Adverbien und adverbialen Ausdrücken findet später beim Adverbium Erwähnung.

Pres wird jetzt nur selten mit dem Acc. konstruiert, sondern meist mit „de‟ verbunden (Diez III. 181 — Mätzner 396). Bei Garnier verlangt es, wie früher (Mätzner, Synt. I. 287 — Stimming 206) den Acc.:

Ils nous prendront de force, ainsi qu'en un troupeau Lon voit un grand Lyon prendre un jeune Toreau Pres les flancs de sa mere (La Tr. 120. 1125) — Sous les plis d'un rocher pres nous apperceuons Le corps de cet enfant qui sur la riue ondoye (La Tr. 155. 2262) — Ils camperent pres les murailles de Thebes (Antig. 4. 42).

Aval und amont sind altfranz. (Riese 61):

Sus donc, compagnes fideles De nos malheurs, déliez Deliez les tressez belles De vos cheueux deliez: Qu'à val vostre col d'iuoire Ils tombent esparpillez (La Tr. 89. 161) — Ores il faut grimper à mont un rocher droit (Les Ju. 125. 765).

Deça und delà sind wie früher (Mätzner, Synt. I. 271 — Stimming 208) bei Garnier ebenfalls präpositionell verwendet, was übrigens auch heute noch geschieht (Diez III. 184 — Mätzner 395):

Mais feignons qu'il eschappe, et que vif il se treuue Repassé par Charon deça le triste fleuue (Hipp. 26. 584)

— Tous les peuples du monde ou sont de moy sujetz
Ou Nature les a delà les mers logez (Les Ju. 106. 198).
Quant et = „avec“ (Darmest. 277), das bei Mon-
taigne häufig vorkommt (Glaun. Mont. 347), findet sich bei
Garnier ein einziges Mal:
Il· meine un Cheualier tout armé quant et soy
(Brad. 65. 1626).

Par le trauers de steht in der Bedeutung des modernen
„à travers“ oder „au travers de“:
Les Cometes flambans par le trauers des nues
(Antoine 161. 301) — Et toy alme Soleil ... qui d'un
oeil veillant perces par le trauers Des nuax espoissis
tout ce vague uniuers (Hipp. 61. 1719) — Leurs yeux
percent par le trauers De ce lourd-terrestre uniuers
(Hipp. 66. 1905).

Zu merken sind die präpositionellen Ausdrücke au desceu
de = täuschend, das Sachs als jetzt veraltet angibt, und pour
crainte de in der Bedeutung des modernen „de crainte de“:
Or comme il n'est loisible au desceu de son Roy
Abandonner la place (Corn. 103. 545). — Comme un simple
paisant qui de fortune troune Des louueaux en un bois
au desceu de la Louue Les massacre soudain (Corn.
110. 784). — Que le Gange Indien, hastant ses bruyants
flots Pour crainte de porter ta seruitude au dos,
Raconte fremissant aux terres qu'il trauuerse La Romaine
grandeur tomber·à la renuerse (Porcie 20. 132).

Zu merken ist ferner die Praep. pour bei dem Verbum
vouer, während heute „à“ stehen muß:
Là fumant de courroux ce grand guerrier se rue Au
col de l'ennemy voué pour la charue. (Porcie 54. 1248).

Hinsichtlich der Wiederholung von pour gelten die
bei „de“ und „à“ angegebenen Regeln. Es wird nämlich nicht
vor jedem Substantiv und jedem Verbum wiederholt. Allerdings
hat hier auch das Neufranz. eine größere Freiheit, und es ist
gestattet, die einzelnen Begriffe in der gemeinsamen Verbindung
mit einer Präposition gleichsam zu einem Gesammtobject zu-
sammenzufassen, oder gesondert vor die Vorstellung treten zu

laſſen. Ebenſo verhält es ſich mit der Wiederholung oder Nicht=
wiederholung vor Infinitiven. (Mätzner 415 u. 416). —

Garnier wiederholt pour nicht:

1) Vor Subſtantiven:

la nouuelle dignité, dont nostre bon Roy a n'agueres,
pour le bien de son peuple et ornement de sa
Justice, liberalement decoré vostre vertu. (Einleitung zu
Antoine 147. 15) — Arrestent par commun aduis, pour
le bien et seureté de la Grece .. (La Tr. 83. 6).

2) Vor Infinitiven:

Au reste je luy ay cousu une piece de fiction de
la mort de la Nourrice, pour l'enueloper d'auantage
en choses funebres et lamentables, et en ensanglanter
la catastrophe (Porcie 14. 34) — Et nous emmeneront
dans leurs nauires caues, Pour nous vendre, ou
tenir en leurs maisons, esclaues (La Tr. 104. 614). —
Quand vous n'auriez, mon pere, autre cause de v̄iure,
Que pour Thebes defendre et la rendre deliure
Des combats fraternels, vous ne deuez mourir (Antig. 16.
326) — contraint de luy faire guerre pour auoir faulsé
sa foy, prenant le party de Nechun Roy d'Egypte, et
auoir son peuple reuolté contre luy. (Les Ju. 98. 6).

E. Verſchiedene Verba,

welche heute eine Caſuspräpoſition nach ſich verlangen, gebraucht
Garnier ohne eine ſolche, d. h. er konſtruiert ſie mit dem
Accusativ.

Survivre q., jetzt à q. Nach Sachs kommt der Acc.
allerdings auch heute noch vor, aber nur in der Sprache des
gemeinen Volkes:

tant de liures estrangers qui suruiuront nostre
siecle (Einleit. zu Porcie 3. 19) — Un bon coeur n'eust
jamais son malheur suruescu (Les Ju. 143. 1310).

Dagegen mit à: Porcie, laquelle impatiente de
douleur ne voulut suruiure à son espoux (Porcie

14. 25) — Ils errent maintenant sous la terre obscurcie,
Les pauurets, et leur pere à leur mort surniuant,
Ne les sçauroit venger du moindre homme viuant (La
Tr. 163. 2485).

Ressembler q. ober qc. (jo aud) bei Froissart (Riese
21) und bei Calvin (Grosse 252). Heute verlangt es den Dativ:
La douceur de vostre oeil, qui ressemble une
Aurore (Einleitung zu Porcie 5. 80) — Vous ne verrez
que Sylle il ressemble en cela (Corn. 122. 1142) —
Ceste fameuse tour ornement de la ville, Mais las! qui
ressemble ore un rocher inutile, De peuple estoit
pressee. (La Tr. 144. 1870) — Nous ressemblions,
errants par les places dolentes, Non des hommes vi-
nants, mais des larues errantes (Les Ju. 124. 716).

Discourir qc., jetzt „de" ober „sur qc.":
Aucuns vont discourant l'inconstance du sort (La
Tr. 151. 2105).

Esloigner qc., jetzt veraltet für „s'éloigner de qc.
(Sachs):
Bref, que si tost qu'aurez esloigné ceste rade
Vous souffrirez comme nous des maux une Iliade (La
Tr. 154. 2211) — j'esloigneray les cieux, L'air,
la mer, et la terre, edifices des Dieux (Antig. 14.
235) — Car je ne veux, mon coeur, jamais vous es-
loigner (Antig. 49. 1387).

Conseiller q. de faire qc., wie auch bei Pascal
(Haase 18. b), jetzt „cons. à q. de f. qc.":
Il ne conseille aucun de commettre un mesfait.
(Les Ju. 146. 1397).

Verschiedene Verba haben bei Garnier ein Präbi-
katsnomen ebenfalls im bloßen Nom. ober Acc. bei sich,
bei welchen heute wol „comme ober „pour" stehen würde:
Ordonner, aufstellen als: Car Dieu qui vous a fait
pour nostre bonheur naistre, Vous ayant ordonné
nostre supreme maistre, A de chantres sacrez
vostre siecle rempli (Einleitung zu Porcie. 5. 72).

Chanter, befingen als: Et conduits de nos Peres
vieux Danserons à l'entour des Dieux, Chantant bien
fortunee Une telle journee (Porcie 28. 401).

Retenir, behalten als: Ainçois plus que nous mesme
honora les parjures De diuers Questurats, de diuerses
Pretures, Les retint ses amis... (Porcie 45. 929).

S'authoriser, sich eigenmächtig zu etwas machen: la
Sicilie: où trainant auec soy Sa bande fugitiue, il
s'authorise Roy (Porcie 55. 1270).

Auoir, haben als: Certainement je repute nostre
prouince heureuse de vous auoir ses chefs (Einleitung
zu Corn. 80. 25) — Sire, ce m'est grand heur, qu'au theatre
du monde ici dans vostre France, en Cheualiers feconde,
Et feconde en vertus, vos yeux j'aye ce jour Tesmoins
de ma prouesse, et de ma ferme amour. (Brad. 37. 861).

Dagegen mit pour: Quoy que soit, je luy veux
ma vie auanturer, Et l'auoir pour maistresse, ou
la mort endurer (Brad. 37. 870).

Vivre, leben als: Mesme les demi-dieux qui jadis
ont vescu Domteurs de l'uniuers, ne l'ont jamais
vaincu (Antoine 189. 1206).

Se faire cognoistre, sich zeigen als: Jamais le
sort muable à mortels ne s'est tant Qu'à nous peuple
Troyen fait cognoistre inconstant (La Tr. 85. 12).

Adverbium.

1) Adonc, adonques, doncques, aus dem Altfranz.
herübergenommen, hat sich bis zum 17. Jahrh. für das moderne
„alors" erhalten (Mätzner 222. d — Riese 57):

Adonc luy... soupe Au milieu de sa troupe (Porcie
26. 351) — adonques le Pasteur ... fait signe à son
mastin (Antig. 41. 1130) — Doncques desesperez de

se pouuoir defendre .. offrirent de se rendre (Corn. 142. 1777).

2) D e r e c h e f und D e r e c h e f, jetzt immer mehr veraltend (Mätzner 222 c), für „de nouveau":
Embrase d e r e c h e f la guerriere poitrine. (Porcie 17. 9) — Pour reuoir d e r e c h e f la clairté de ce monde (Hipp. 26. 580).

3) O r, o r e, o r e s ist altfranz. für „maintenant"(Mätzner 222. α — Darmest. 280):
O r es-tu plus heureux que tu ne pensois estre (Porcie 23. 235) — O r e il faut louer Dieu de si belle victoire (Brad. 10. 121) — Helas! je n'eusse veu ce que voir me faut o r e s (Les Ju. 122. 671).
O r e s - o r e neben m a i n t e n a n t — m a i n t e n a n t ist gleich „balb — balb." (Ebenso bei Montaigne (Glaun. 350)):
O r e s cetuy-là gaigne, et o r e cetuy-cy … M a i n t e n a n t la raison ha la force plus grande, M a i n t e n a n t la fureur plus forte me commande (Hipp. 30. 737—740).

4) D e u a n t, zuvor, mit Bezug auf die Z e i t (wie bei Montaigne (Glaun. 348)): Plus aigre que d e u a n t rallumons le Discord (Porcie 18. 40) — le colere jaloux Plus aspre que d e u a n t les appareille aux coups (Corn. 140. 1724).

5) J a (jam) a) ist altfranz. neben „desja" (Darmest. 279): l'ouurage commencé N'est selon mon desir que j a trop auancé (Porcie 21. 140) — D e s j a par les cantons mille tableaux meurtriers Des malheureux proscripts saisissent les gosiers. (Porcie 21. 143).
b) beide m i t e i n a n d e r v e r b u n d e n: J a d e s j a le Soleil au milieu de son tour Commençoit peu à peu de reculer le jour (Porcie 63. 1519).
c) j a wiederholt: de là tout le mechef, Qui j a j a prest de cheoir penche dessur ton chef. (Hipp. 11. 62).

6) L o r s, das in der älteren Sprache für „alors" stand (Riese 57), hat sich heute nur noch in „lorsque", „dès lors" und „pour lors" erhalten (List 26; Voiture gebraucht es in der älteren Bedeutung noch in der Poesie). — Bei Garnier kommt es häufig für „alors" vor: L o r s retournant vaincueur

en son roc cauernier... Il passe plus auant (Porcie 55. 1257) — Lors plus allaigres nous dansons (La Tr. 100. 481).

7) Premier für „d'abord“ (Darmest. 278). Auch Marot (Glaun. 34) und Calvin (Grosse 286) gebrauchen es in dieser Bedeutung:

Non, si ma main ireuse Eust mis premiere à mort ceste troupe orgueilleuse (Porcie 43. 872) — Encore, mon ami, faudroit premier entendre, Si le party luy plaist, que de rien entreprendre (Brad. 15. 244).

8) Voire = allerdings, gewiß: Voire quand en soymesme on ne sent point d'ennuy (Corn. 99. 450) — Helas! voire, Hippolyte, helas! c'est mon souci (Hipp. 51. 1408) — Tu dois de ton Hector auoir plus de souci, Voire, mais cet enfant est mon Hector aussi (La Tr. 115. 972) — Voire mais j'ay grand peur qu'elle ne l'aime pas (Brad. 14. 206).

9) Voirement, voirment = in Wahrheit (Beispiele von anderen Autoren citiert Darmest. p. 282): Amour est un serpent, un serpent voirement, Qui dedans nostre sein glisse (Hipp. 22. 477) — je me contante De n'auoir desormais que le nom de seruante, De seruante voirment (Hipp. 49. 1351).

10) Exprés (ist jetzt veraltet (Sachs)) in der Bedeutung von „à dessein“, mit folgendem finalen „pour“ = „eigens in der Absicht, um zu“: Il alloit irritant ces nations exprés Pour nourrir une armee (Corn. 123. 1185) — Celuy ... Qui sa vie entretient exprés Pour meurtrir les Tyrans pourprés (Corn. 125. 1240).

11) Tandis, wie bei Marot (Glaun. 35) = unterdessen, ist im Altfranz. und noch im 16. Jahrh. Zeitadverb (Darmest. 282): Tandis nostre Empereur ... alloit d'un oeil serain Visiter tous ses rangs (Corn. 138. 1625) — Eteocle tandis dans le temple prioit Les tutelaires dieux (Antig. 39. 1054).

12) Oncques, oncque, onques, oncq, onc, eine altfranz. Form von dem lat. unquam, steht bei Garnier, wie

bei Marot (Glaun. 33), Montaigne (Glaun. 350) und Calvin (Grosse 286) für das moderne „jamais." Jetzt wird es fast nur mehr im Scherze gebraucht (Mätzner 221. 2):

oncques de nostre sang fille n'auroit tenu si honorable rang (Brad. 24. 474) — Pour un plus delicat que je n'ay oncque aimé (Hipp. 45. 1240) — Aussi le Ciel j'atteste .. Qu'onques je n'eus vouloir, d'abatre, furieux, Les Pergames de Troye (La Tr. 129. 1420) — Jupiter qui veit oncq tant de maux espandus (La Tr. 167. 2621) — Quel monstre commit onc telle mechanceté? (Antig. 11. 135).

13) Mesmes a) und encores b) treten, wie viele andere Adverbia, mit dem sogenannten paragogischen „s" auf (Diez II. 456). Das erstere war noch im 17. Jahrhundert allgemein gebräuchlich (List 28. 10 — Haase 88. b):

a) à plaindre je me pris ... et contre le ciel mesmes Vomir de grand fureur mille outrageux blasphémes (Corn. 98. 415) — Mesmes aucuns (forfait!) se vont planter sans crainte Sur la tombe d'Hector (La Tr. 144. 1889) — et à l'instant se donna une cruelle et sanglante bataille, où mourut la plus part des deux armees, mesmes les chefs et capitaines (Antig. 4. 46).

Wie häufig bei Voiture (List 28. 10), findet sich auch bei Garnier, allerdings nur ein einziges Mal, mesmement: Ce nous est toutesfois un notable auantage De ne bailler un sou pour elle en mariage: Mesmement aujourdhuy qu'il n'y a point d'amour (Brad. 13. 182).

b) et (nostre malheur) demain sera pire que n'est encores ce jourdhuy (Antoine 159. 236) — Encores degoutans des meurtres de leurs freres (La Tr. 168. 2660) — sous l'infernal abysme Me souffre, abominable, encores analer (Antig. 8. 19).

14) Souuentefois für das moderne „souvent": C'est le vouloir des Dieux, Qui ont souuentefois les Princes odieux (Antoine 167. 510).

15) **Aucunefois** = quelquefois, gründet sich auf die bejahende Bedeutung, welche das Pron. indef. „aucun" in der älteren Sprache hatte:

Ainsi qu'aucunefois on voit sur le coupeau Du Taure innaccessible une pluuieuse eau Tomber (Hipp. 41. 1119).

16) Nach der heutigen Grammatik gebraucht man die Adverbien si und aussi gewöhnlich vor prädikativen und attributiven Bestimmungen und Adverbien; tant und autant dagegen vor Thätigkeitsbegriffen (Mätzner 444. α α). — Bei Garnier aber findet sich neben si und aussi nicht selten tant und autant a), ja selbst ainsi b) mit einem Abjectiv oder Adverb verbunden.'— Auch Marot (Glaun. 35) und Montaigne (Glaun. 351), sowie Calvin (Grosse 287) gebrauchen häufig „tant" vor Abjectiven und Adverbien. — Beispiele für diesen Gebrauch von „tant" citiert auch Darmest. (p. 282):

a) Hà païs trop ingrat, vous n'estes assez digne D'auoir pour citoyenne une ame tant diuine! (Porcie 71. 1751) — Car rien ne desplaist tant, rien n'est tant odieux, Entre les faits humains, qu'une arrogance aux Dieux (Antoine 195. 1410) — Si est-ce qu'il n'est rien qui soit tant perilleux A l'estat d'un grand Roy, qu'un sujet orgueilleux (Antig. 70. 1986) — Car combien que … les peines que j'ay prises à les caresser, m'ayent esté autant infructueuses jusques icy, que les assidus et desagreables labeurs de ma vacation (Les Ju. 95. 20).

b) Il demarchoit ainsi, il estoit ainsi fort D'espaules et de bras, semblable estoit sa grace, Il portoit ainsi haut sa belliqueuse face (La Tr. 105. 668 u. 670) — Hecube ceste vieille et le troupeau captif Des filles d'Ilion m'ont fait ainsi chetif (La Tr. 164. 2522).

Das adverbiale tant für das moderne quelque-que findet sich jetzt nur mehr in der Formel „tant soit peu'' (Mätzner 347. δδ). Bei Garnier kommt es in jener Anwendung noch oft vor:

La crainte que lon a d'un mal tant soit extrême,
Trouble plus un esprit que ne fait le mal mesme (Corn.
132. 1457) — Et que rien, tant soit-il fort, Immuable
ne sejourne, Mais est alteré du sort. (Antoine 178. 861) —
Les bestes des forests, tant fussent-elles fieres..
N'ont peu vous offenser (Hipp. 75. 2199). — Ainsi qu'on
voit souuent, que .. l'alme amitié, tant soit elle en-
uieillie Auecques les honneurs et les biens est faillie
(La Tr. 167. 2639) — Ce n'est rien de mourir: la mort
tant soit amere, N'est aux calamiteux qu'une peine
legere (Les Ju. 108. 235).

17) Comme als Correlat ;u ben Adverbien
si, aussi, tant, autant etc. war altfranz. (Diez III.
393) und erhielt sich bis gegen Ende des 17. Jahrh. (Glaun.
(Mont. 354) — List 30. 3 — Darmest. 284), wo es seine
Vertretung durch „que" fand. — Jene ältere Anwendung
kommt auch bei Garnier noch häufig vor:

pensant bien qu'il pourra bien S'esleuer aussi grand
comme le pere sien. (Porcie 55. 1278) — Rendez-le
ainsi viuant comme viuant vous l'eustes. (Porcie 66.
1633) — Mais le malheur n'est pas si grand comme
on le fait (Corn. 135. 1548) — combien qu'il soit celuy
Qui le doiue pretendre aussi bien comme luy (Antig.
22. 509).

18) Quant-et-quant, das heute veraltet ist (Sachs),
aber bei Marot und sehr häufig bei Montaigne (Glaun. Marot
34), ebenso bei Calvin (Grosse 286. 21) und noch bei Voiture
(List 27. 3) vorkam, wird auch von Garnier gebraucht in der
Bedeutung von „en même temps":

Un vaillant soudart ne guerroye, Si quant-et-quant
ses Empereurs Ne l'allechent de quelque proye (Porcie
57. 1341).

19) Neben dem modernen „ensemble", das für sich schon
reines Adverb ist, findet sich bei Garnier in altfranz. Weise
(Mätzner 219. d — Diez II. 462) auch ensemblément:

Bien qu'elle eust pieds et teste ensemblément
liez (Hipp. 16. 267) — Je veux... Bradamante et Roger

sous un amour égal Conjoindre ensemblément d'un lien conjugal (Brad. 12. 168).

20) Außer dem, zum reinen Adverb gewordenen aujourdhuy gebraucht Garnier, wie Calvin (Grosse 286. 10) auch ce jourdhny und le jourdhuy, wo jourdhuy als Substantiv figuriert:

Les Danaïdes soeurs ... Ce jourdhuy ce jourd- huy loin de vos couleureaux ... Sejournent affranchis de leurs peines cruelles (Porcie 19. 63) — et (nostre malheur) demain sera pire Que n'est encores ce jourd- huy (Antoine 159. 236) — Puis .. Rend grace aux immortels .. De luy auoir donné ce jourdhuy leur faueur (Antig. 42. 1175) — C'est le temps du jourdhuy (Brad. 13. 190).

21) Contre-mont a); auch encontremont b), jetzt veraltet (Sachs) heißt „aufwärts, bergan" (wie bei Marot (Glaun. 32), und steht auch häufig in Verbindung mit dem Substantiv „pied" c):

a) Plustost ... le Tybre porte-arene .. Roidira con- tremont ses refluantes eaux (Porcie 44. 885).

b) Plustost l'Eufrate encontre-mont ira (Les Ju. 129. 901) — Plustost l'eau de Dordonne encontre- mont ira (Brad. 22. 434).

c) En fin comme une tour ... Se voit pied-contre- mont à la fin abatue (Porcie 64. 1558) — Quand le destin .. Rua pieds contre mont sa belle Republique (Corn. 145. 1882) — De .. voir .. Vostre orgueilleuse ville en ses murs embrasee, Et les piez contremont des fondemens rasee (La Tr. 159. 2388) — Comme quand un sapin, battu de la tourmente .. faisant un grand bruit tombe pié-contre-mont (Antig. 40. 1099).

22) A mont (ad montem) = „aufwärts, hinauf, herauf, empor", wie das vorausgehende:

Puis ses femmes et elle à mont se souleuerent (An- toine 202. 1632) — Quel labeur m'a esté, d'auoir depuis le fond De l'enfer, sceu monter jusques icy à mont? (Hipp. 57. 1628) — Ils se dressent à mont (Hipp. 72. 2097).

23) Contre terre und contre bas als Gegenſatz
der beiden vorausgehenden:

Mais les cases des pastoureaux, Qui s'aplatissent
contre terre, N'ont peur des foudres estiuaux (Porcie
22. 184) — Tu iras desormais la main au dos liee, La
teste contre bas de vergogne plice (Corn. 109. 756) —
La poitrine de coups sanglantement plombee, Se penchoit
contre bas (Antoine 202. 1645) — Leuez mes foibles
mains qui tombent contre-bas (La Tr. 123. 1242).

24) Tant seulement = „nur", wie bei Marot
(Glauning 35):

Osté tant seulement ce corsaire Pompee (Porcie
41. 827) — Il est mort, et ne reste aujourdhuy Sinon
tant seulement quelque cendre de luy (Porcie 41. 802)
— Zu beachten iſt im letzten Beiſpiel der Pleonasmus „ne —
sinon tant seulement."

25) Das Abverb seulement iſt in Verbindung
mit einem Subſtantiv gebraucht, wo wir heute das Ad-
jectiv ſetzen würden:

Ainçois plus inhumains que les Ours d'Hyrcanie,
Que les Tygres felons qu'enfante l'Armenie, Ne se con-
tentent pas de la mort seulement: 'Mais.. (Porcie
23. 241) — La vie qui n'est point en ce peureux souci,
N'est seulement heureuse, ains la mort l'est aussi (Corn.
132. 1452) — Tout recognoist Cesar, tout fremist à sa
voix, Et son nom seulement espouuante les Rois
(Antoine 193. 1371).

26) Wie es im 16. u. 17. Jahrh. gerne geſchah (Gessner I.
31. ε — Darmest. 231 — Mätzner 148 — Haase 88 h),
ſetzt Garnier häufig das Abverb ici mittels Bindeſtrichs an
ein, von dem Pron. demonstr. begleitetes Subſtantiv, wo heut-
zutage nur mehr „ci" gebräuchlich iſt:

Encores vous faut-il d'un courage addoucy Comploter
quelque fin à ce discord icy (Porcie 43. 874) — Et
jamais une guerre et plus juste et plus sainte Entreprise
ne fut auec plus de contrainte, Que cette guerre icy
(Antoine 196. 1446) — prenez le souci De moy dolente

veufue, et de c͜e peuple icy (Hipp. 49. 1368) — Tu veux que je pardonne à ceste peste ici (Antig. 71. 2026) — il n'exemptera pas Cette vipere icy du destiné trespas. (Antig. 74. 2071).

27) Nicht immer verwandelt Garnier die Abjectivendung „ent“ oder „ant“ in „emment“ oder „amment“, wie es die heutige Sprache verlangt:

J'ay Cesar en la guerre ardentement suyui (Corn. 121. 1113) — il aime Par trop ardentement la puissance supreme (Corn. 124. 1200) — La poitrine de coups sanglantement plombee (Antoine 202. 1644) — toute la cité pleure, Qu'une Royale fille innocentement meure (Antig. 71. 1997).

28) Pirement steht statt des jetzt gebräuchlichen Adverbs „pis“:

Il a faict pirement (Les Ju. 163. 1889) — Pirement? et en quoy? las! dites-nous comment? (Les Ju. 163. 1890).

29) Traistrement wird für das moderne „en traître“ oder „traîtreusement“ (Sachs — Mätzner 218 b) gebraucht:

Que les hommes sont feints, et que leurs doubles coeurs Se voilent traistrement de visages mocqueurs! (Hipp. 63. 1796) — Craignez-vous qu'il remue, Et qu'en vous embrassant traistrement il vous tue? (Antig. 27. 695) — il faut qu'il soit puny De m'auoir traistrement de ma terre banny (Antig. 33. 905).

30) „Comme, welches ehemals in direkter und indirekter Frage üblich war, steht jetzt in direkter Frage nur dann, wenn die Frage den Charakter des verwunderten Ausrufes angenommen hat“ (Mätzner p. 440. 160. 1). Garnier verwendet, dem älteren Sprachgebrauche folgend, neben comment auch comme bei direkten Fragen, wo man heute „comment“ setzen würde:

Comme aduint vostre prise? (Les Ju. 123. 689) — Car comme aurions-nous courage, .. De donner tréue à nos pleurs? (Les Ju. 128. 851) — Comme veut-on que maintenant Si desolees Nous allions la flute entonnant Dans ces valees? (Les Ju. 140. 1213).

31) Possible ſteht, wie bei Voiture (List 29. 11)
für „peut-être":

Elles pourroyent possible estre un peu retenues
Par la mort de Cesar (Corn. 116. 964) — Que diroit-il..
Si moy ... Le quittois, l'estrangeois, et possible sans
fruict, Pour flatter laschement Cesar qui le destruit?
(Antoine 170. 581) — Ores soulé de moy, possible
aux sombres lieux Il cherche une beauté qui rauisse ses
yeux (Hipp. 28. 661) — Mais possible en vain je me
colere (Brad. 18. 328).

. Auch mit folgendem que: Possible que la mort
nous mire en deuisant (Corn. 101. 498 — Vergleiche das
deutſche: möglich daß ..!).

32) Hinſichtlich der Veränderlichkeit des adverbial
gebrauchten Pron. indef. „tout" ſiehe das Pronomen inde-
finitum VII. p. 51.

33) Daß pour neant adverbial für „en vain" oder
„vainement" gebraucht wird, iſt bereits beim Pron. indefin.
V. 1. p. 50 erwähnt.

34) Garnier ſetzt gerne par zu den Adverbien ainsi a),
trop b) und surtout c), ohne daß dadurch die Bedeutung
dieſer Adverbien irgendwie beeinträchtigt wird. (Nach Mätzner
220 ſind ähnliche Verbindungen von Praepositionen mit dem
Adverbium auch in der modernen Sprache häufig):

a) Par ainsi, Messager, quel quel soit cest esclandre
Que tu vas deplorant, il vient sur moy descendre (La
Tr. 142. 1821) — Par ainsi laisse moy (Antig. 10. 115).

b) il aime Par trop ardentement la puissance
supreme. (Corn. 124. 1200). — O ciel par trop funeste,
helas tout le courroux Et le rancueur des Dieux est
deualé sur nous! (Antoine 207. 1798) — Gardez-vous,
mon enfant, que l'amour d'une femme, Mortifere poison,
par trop ne vous enflamme (Antig. 70. 1973).

c) Mais qui plus est encor, à nous langoureux hommes,
Qui sujetz par surtout de leurs volontez sommes, N'est
cogneu ce destin (Antoine 168. 516) — Il nous faut

rebastir nos Eglises rompues, Où se sont par sur
tout leurs cruautez repues (Brad. 11. 154).

35) Par steht auch überflüßig vor dem Subst.
fois, wenn diesem das unbestimmte Zahladverb tanta), oder
das unbestimmte Zahladjectiv plusieurs b), oder auch ein
bestimmtes Zahlwort c) vorausgeht:

a) Je n'ay oncques voulu à ses Prophetes croire,
Qui m'ont par tant de fois ces esclandres predit (Les
Ju. 144. 1345).

b) S'estant par plusieurs fois vainement efforcé
De rentrer .. (Porcie 64. 1567).

c) les champs lamentez Par mille et mille voix, de
l'aspre Thessalie, Ja lauez par deux fois du sang de
l'Italie (Antoine 185. 1069) — Tu ne meurtriras Pyrrhe,
et trainé par trois fois Ne luy feras racler le Troïque
grauois (La Tr. 119. 1095).

Für „par" tritt auch „à" ein: Las et que t'a
serui ... que Romme t'ait veu trionfer à trois fois
Des trois parts de la terre asseruie à ses loix? (Corn. 96.
321)—Sus sus donnons plaisir aux Grecs à ceste fois
(La Tr. 112. 871) — S'entrefouillent au vif, faisant à
chaque fois Le rouge sang couler au trauers du harnois
(Antig. 40. 1118).

36) Einzeln sind noch zu merken die adverbialen Ausdrücke
„sans mon sceu", welches jetzt fast nur mehr vorkommt in
dem Ausdrucke „au vu et au su de tout le monde" (Sachs),
und „sans mon vueil":

Leurs longs propos secrets, sans mon sceu, sans
mon vueil (Antoine 179. 895).

Conjunctionen.

I. Beiordnende Conjunctionen.

1) Tant plus-que plus = je mehr, desto mehr;
jetzt „d'autant plus-que":

Les edifices orgueilleux Voisinant le ciel de leurs
testes, Ont tant plus le chef sourcilleux Batu d'ordinaires
tempestes, Qu'ils esleuent plus haut les crestes (Porcie
22. 177).

2) D'autant beaucoup — d'autant moins =
je mehr, besto weniger; jetzt „plus — moins":
D'autant qu'il peut beaucoup, d'autant luy
doit moins plaire (La Tr. 131. 1486).

3) Si, ben Satz einleitenb. Zur Einleitung bes
Hauptsatzes biente im Altfranz. häufig, bie Inversion bieses
Satzes bewirkenb, bas Abverb „si" (Diez III. 345 — Mätzner
506). Diese Construction hat sich bis ins 17. Jahrh. ;hinein
erhalten (Riese p. 2 u. 64 — Glaun. (Marot) 36 — Grosse
292 — Glaun. (Mont.) 353 — Haase 88).

Auch Garnier wenbet sie sehr häufig an:

a) „si" ist gleich bem beutschen „so" im Nach=
satz; ber Nebensatz ist jebesmal concessiv:

Et bien qu'il l'eust aimé d'une amitié non feinte, Si
eust elle esté vaine. (Corn. 115. 936) — Et bien que
la fortune Es choses de ce monde ait sa force commune
... Si nous semble pourtant que... (Antoine 186. 1124)
— Mais combien que me soit vostre voyage dur ... si
tressaillé-je d'aise (Antig. 29. 770) — Encore qu'il soit
tel, si ne deuez-vous pas Le meurtrir de froid sang (Les
Ju. 131. 953).

b) Der Nebensatz ist zu ergänzen:

Si fit-il egorger Achillas et Photin Pour ce meurtre
commis (Corn. 114. 921) — ˉSi ne faut-il pourtant d'un
desespoir se paistre (Antoine 168. 519) — qui trouble
vos esprits? La poitrine vous bat: si faut-il bien qu'il
meure (La Tr. 114. 925) — Si en auons-nous peur (La
Tr. 108. 758).

c) Das einfache si. wirb umschrieben burch si
est-ce que:

Et bien que l'Oiseau ... Amollisse presque le cueur
De la mort pleine de rigueur, Qui venoit pour le prendre:
Si est-ce que leur lamenter Ne peut. nos douleurs

contenter (Antoine 162. 351) — Si est-ce qu'en l'abondance d'une si vertueuse nourriture, elle ne se peut vanter d'une plus genereuse race ... que la vostre Messeigneurs. (Hipp. 1.4) — Car bien que l'Achaie et l'Inachie ensemble, .. en vostre camp s'assemble: Si est-ce que tousjours Fortune y aura part (Antig. 33. 896) — Si est-ce pourtant, si est-ce Qu'il ne faut que la tristesse, Bien que dure, ait le pouuoir De nous tirer du deuoir (Les Ju. 128. 867).

4) Et wurde im Altfranz. ebenso wie „si“ gebraucht zur bloßen Anreihung von Sätzen (Mätzner 493 — Riese 63. 1). — Von diesem älteren Sprachgebrauche finden sich bei Garnier noch viele Beispiele, besonders bei Frage= und Ausrufssätzen. (Heute ist „et“ überflüssig, und sind von dieser Konstruktion nur, mehr einige Spuren im gemeinen Leben übrig (Mätzner 493)):

Et qu'est cela? Madame? estes-vous en vous-mesme? (Porcie 33. 551) — Et quoy? voudriés-vous donc que Cesar fust en vie? (Porcie 33. 555) — Las et que t'a serui, qu'en tous les coings du monde Lon voye volleter ta gloire vagabonde (Corn. 96. 319) — Et pourquoy plorez-vous un que la mort consomme (Corn. 100. 475) — S'elle est telle, et pourquoy la craignez-vous ainsi? (Corn. 102. 517) — O mon bel Hippolyte, et ne voyez-vous pas Que...? (Hipp. 39. 1047) — Ingrate, et doutes-tu lequel des deux tu dois sauuer..? (La Tr. 115. 967) — Et que je deusse helas! si le ciel l'eust voulu, Mourir auparauant que mon corps fust polu (Antig. 43. 1214) — Mais quoy? mon pauure pere en accroistroit son dueil Et si je ne pourrois l'enfermer au cercueil Son heure estant venue (Antig. 46. 1287).

5) Ores-ores und maintenant-maintenant = balb — balb, sind bereits beim Adverbium erwähnt p. 107.

6) Ou si = oder etwa, ist jetzt veraltet (Sachs):

Et qu'est cela, Madame? estes-vous en vous-mesme? Ou si l'extremité d'une douleur extréme contraint vostre estomach de vomir ces propos? (Porcie 33. 552) — O

grand Dieu Jupiter! les affaires mondains Gouuernes-tu,
conduits par tes puissantes mains, Ou s'ils vont com-
passez d'un ordre de nature, Ou si l'instable sort les
pousse à l'auanture? (La Tr. 149. 2039).

7) Soit ou que — ou que. Das erſte „ou“ iſt
pleonaſtiſch gebraucht (Vergl. das Deutſche: „ſei es entweder
daß — oder daß!), jetzt „soit que — ou que“:

Soit ou qu'il se trouue enclos De mille piques
guerrieres, Ou qu'aux ondes marinieres Il soit assiegé
des flots (Porcie 37. 689).

8) Soit ou que — soit que. „ou“ iſt ebenfalls
pleonaſtiſch; jetzt „soit que — soit que“:

Car soit ou que le jour face son large cours, Soit
que la nuict chemine (Hipp. 41. 1099).

9) Ains, ainçois iſt altfranz. und gleich dem modernen
„mais plutôt (Mätzner 499 — Riese 66), war aber im 16.
Jahrh. noch ſehr gebräuchlich (Glaun. (Marot) 36 — Glaun.
(Mont.) 352 — Grosse 292):

Ainçois plus inhumains que les Ours d'Hyrcanie
.. Ne se contentent pas de la mort seulement (Porcie
23. 239) — La vie qui n'est point en ce peureux souci,
N'est seulement heureuse, ains la mort l'est aussi (Corn.
132. 1452) — Ce nom ne m'appartient, Ainçois le nom
de serue à mon malheur conuient (Les Ju. 119. 602) —
las! ce n'est pas à vous De vous enfler de gloire, ains
de complaire à tous (Les Ju. 158. 1730) — elle touche
en doimant Le corps de son espoux, ainçois de son
tourment (Brad. 19. 343).

10) Ce neantmoins, jetzt einfach „neanmoins“:

Ce neantmoins l'amour de ceste Royne auoit tant
gaigné .. (Antoine 150. 13).

11) Tant plus — tant plus = je mehr — deſto
mehr. (So auch bei Marot (Glauning 36) und Montaigne
(Glaun. 353)):

Car tant plus nous auons sur autruy de puissance,
Tant plus il nous conuient user de patience (La Tr.
128. 1401).

12) Tant plus que bei fehlendem „tant plus“ im Hauptfaße:

mais leur courage lâche Ne se rasseure point, et tant plus que je veux Les en faire approcher, ils reculent peureux (Hipp. 14. 187).

II. Unterordnende Conjunctionen.

1) Pour ce que (altfranz. „por ce que“), das bis in die 2. Hälfte des 17. Jahrh. im Gebrauche war (Riese 67 — Glaun. (Marot) 37 — Glaun. (Mont.) 414 — Grosse 294 — List 31 — Haase 93), steht auch bei Garnier für das heutige „par ce que“:

Mais pour ce qu'en la terre il ne se trouue race, Qui se hasarde .. (Porcie 19. 97) — Pource que de pareils trespas La vagueuse terre estoit pleine (La Tr. 148. 2029) — Pource que la campagne est encore encombree De grands monceaux de corps (Antig. 87. 2512) — Et pource qu'il n'est cour en tout cet Uni-uers Qui soit .. (Brad. 63. 1582).

2) Deuant que, das noch im 17. Jahrh. in der Be = deutung des modernen „avant que“ vorkam und erst gegen Ende desselben veraltete (Haase 93 — List 31 — Glaun. (Mont.) 355 — Grosse 293), wird auch bei Garnier neben avant que häufig gebraucht und zwar a) mit dem Conj.; b) mit dem Infinitiv mit de; und c) mit dem Infin. ohne de:

a) Ah! me falloit-il donc, deuant que des Enfers Je veisse pallissant les abysmes ouuers, Contrainte de-uorer tant de tristes encombres? (Porcie 23. 217) — Reçoy mon cher mary, deuant que je descende, Ces funebres baisers (Porcie 70. 1762) — cest impudent braueur, Qui desja triomphoit deuant que la victoire Eust couronné son chef d'une constante gloire (Porcie 49. 1075).

b) Soudars .. Ayons ce qu'on nous a promis Deuant que d'aller à la guerre (Porcie 57. 1337) — les Dieux

... Ne souffrent pas grande langueur, D e u a n t q u e d'en auoir la cure (Hipp. 35. 892) — je veux vous requerir Pardon de mon mesfait, d e u a n t q u e de mourir (Hipp. 76. 2234) — Comme une belle fleur, qui .. à bas tombe fanie D e u a n t q u e d'estaller sa richesse espanie (Hipp. 76. 2244).

c) Quoy? d e u a n t q u'amortir le flambeau de ta vie Ne dis-tu point adieu à ta pauure Porcie? (Porcie 70. 1758) — Personne d e u a n t q u'estre mort Heureux on ne peut dire (Corn. 119. 1061) — Mais je demeure encore, et te suruis, à fin De ton corps honorer d e u a n t q u e prendre fin (Antoine 213. 1975) — pour moy seul, damné d e u a n t q u e naistre (Antig. 12. 178).

3) A u p a r a u a n t q u e = avant que und zwar

a) mit dem Conj.: Meurtrir ce pauure enfant? le faire torturer A u p a r a u a n t q u'il sceust que c'estoit d'endurer? (La Tr. 146. 1952) — Et que je deusse helas! si le ciel l'eust voulu, Mourir a u p a r a u a n t q u e mon corps fust polu (Antig. 43. 1215).

b) mit dem Infin. mit de: Les choses d'ici bas sont au ciel ordonnees A u p a r a u a n t q u e d'estre entre les hommes nees (Antoine 167. 484).

c) mit dem Infin. ohne de: Si ne faut-il pourtant d'un desespoir se paistre Et se rendre chetif a u p a - r a u a n t q u e l'estre (Antoine 168. 520).

4) A i n s q u e ist altfranz. (Mätzner 524) und steht, wie bei Marot (Glann. 37), auch bei Garnier in der Bedeutung von „avant que" und zwar

a) mit dem Conj.: est-il bien raisonnable ... que le corselet descouure nostre dos A i n s q u'un ombreux sepulchre ait engoufré leurs os? (Porcie 52. 1194) — Hé Brute, Brute helas! a i n s q u'Atrope t'eust point, De moy ta triste soeur ne te souuint-il point? (Porcie 70. 1756) — Je porte, a i n s q u e je tombe en l'aueugle noirceur Du riuage infernal, mon tourment punisseur (Hipp. 66. 1895).

b) mit dem Infinitiv mit de: Mais las! si je trespasse ains que d'auoir logé Dans un sombre tombeau mon pere submergé, Qui en prendra la cure? (Corn. 146. 1923).

c) mit dem bloßen Infinitiv: Tesmoing aussi le peuple, à qui le Nil negeux Engresse les sablons de son limon fangeux, Ains que se desgorger par sept portes humides Dans le palais salé des vierges Nereides. (Porcie 51. 1147) — Je descendray joyeuse, ayant ains que mourir Obtenu le seul bien que je puis requerir. (Corn. 114. 909) — Je vous pry par les flancs .. où vostre naissance, ains que naistre, vous eustes. (Antig. 29. 779).

5) Premier que ist altfranz. (Mätzner 524) und wird, wie bei Marot (Glaun. 38) und Calvin (Grosse 293), auch bei Garnier in der Bedeutung von „avant que" gebraucht und zwar:

a) mit dem Conjunctiv: Abordez-les premier qu'ils viennent à se joindre (Antig. 23. 551) — Il eust bien mieux vallu, je le connois trop tard, Que j'eusse en ma personne entrepris ce hasard, Premier qu'en bataillons les troupes ordonnees De contraires fureurs se fussent moissonnees (Antig. 38. 1032).

b) mit dem Infinitiv mit de: O l'estrange auanture! un pere veut desfaire Son petit enfançon premier que de le faire (Antig. 15. 266).

c) mit dem bloßen Infinitiv: Mais premier que le joindre il s'essaye au combat (Hipp. 71. 2085).

6) Combien que, das Sachs für jetzt veraltet erklärt, kommt bei Garnier häufig vor und zwar nicht bloß a) mit dem Conjunctiv, den es nach Mätzner 348 verlangt, sondern auch b) mit dem Indicativ und c) einmal mit dem Conditionnel:

a) et combien que Thesé soit chery du peuple Athenien, Vous l'estes d'auantage (Hipp. 49. 1364) — et combien que la vie De tout chacun puisse estre à tout moment rauie, La mort ne l'est jamais (Antig. 12. 149).

b) Combien qu'en un vray dueil vaines sont les clameurs (Antig. 90. 2615) — Combien que je me sens assez robuste encores (Brad. 24. 469).

c) Je ne puis l'oublier, tant j'affole, combien Que de n'y penser point seroit mon plus grand bien (Antoine 180. 923).

7) Or que, ore que, ores que mit dem Conjunctiv = felbft wenn, wenn auch), wird auch bei Montaigne (Glaun. 416) in foncefftver Bedeutung gebraucht:

Et que peut la fortune, or' qu'elle en eust vouloir, Machiner de nouueau pour nous faire douloir? (Corn. 105. 633) — Les tours de ce chasteau noircissent de corbeaux Jour et nuict aperchez, sepulcraliers oiseaux, Et n'en veulent partir, ores qu'on les dechasse. (Hipp. 15. 245) — Mais ores qu'elle soit soeur et fille de Rois .. Je la feray mourir (Antig. 64. 1850) — Vous l'y deuez contraindre or qu'il n'en eust vouloir (Les Ju. 108. 230) — Leon ne luy est propre, ores qu'il fust un Dieu (Brad. 19. 359).

8) Tant que in ber Bedeutung von „jusqu'à ce que" ift altfranz.; baß Neufranz. hat bavon nur wenige Beifpiele (Mätzner 523. ββ). — Wie Marot (Glaun. 38) gebraucht es auch Garnier in altfranz. Weife:

Puis s'estans reposez, le colere jaloux Plus aspre que deuant les appareille aux coups, Les rejoint, les recouple, et dans leur coeur demeure fierement acharné, tant que l'un des deux meure (Corn. 140. 1726).

9) Jusqu'à tant que = bis, mit bem Indicativ ober Conjunctiv, wie jetzt jusqu'à ce que. (So auch bei Montaigne (Glaun. 355)):

Je roidiray ma course apres leurs naus fuytiues, Jusqu'à tant qu'importun je les tienne captiues (Porcie 42. 840) — Mais il ne fist adonc que crier, se debatre Jusqu'à tant qu'arriua l'homme de Cleopatre (Antoine 202. 1621) — Jupiter, qui te porta Jusques à tant qu'il t'enfenta A Nyse (Antig. 19. 411) —

l'on ne sçauroit … A d'autres la donner j u s q u'à t a n t
q u'i l s o i t mort (Brad. 55. 1378).

10) M a i s q u e = pourvu que:
Vray Dieu quel grand plaisir, quelle parfaite joye,
M a i s q u'u n petit Cesar entre vos bras j e v o y e (Brad.
28. 606).

11) C o m m e l o r s q u e ſteĥt für baš einfaĉe lorsque:
Et c o m m e l o r s q u'i l v e u t nous punir rudement,
Il fait que nous perdons tout humain jugement (Les Ju.
124. 729).

12) A i n s i q u e = lorsque iſt altfranʒ. (Mätzner 521).
Garnier fennt noĉ bieſen, jeĥt gänʒliĉ verſĉwunbenen Ĝebrauĉ:
Luy veut, comme vaincueur, le harnois arracher:
Mais a i n s i q u e, mal-sage, i l v i e n t à se pencher,
Courbé dessur la face.. Son frere.. Sa vengeresse espee
en l'estomach luy plante (Antig. 42. 1179).

13) T a n d i s q u e = tant que. Tandisque beutet
ʒwar auf eine mit einer anberen gleiĉ bauernbe Tätigfeit ĥin,
wirb aber vorʒugšweiſe bei einer abverſativen Beʒieĥung ber
Säĥe gebrauĉt; bie gleiĉe Dauer wirb entſĉieben burĉ tant
que aušgeſproĉen (Mätzner 522). — Garnier verwenbet
tandisque, wo bie gegenwärtige Spraĉe tant que ſeĥen würbe:
Meurtrissez-moy Tyrans, abayez à ma mort. Car
t a n d i s q u e j e v y, Brute n'est pas tout mort (Porcie
70. 1737) — Mais t a n d i s q u e Cassie a u r a goutte de
sang En son corps animeux, il voudra viure franc (Corn.
124. 1201) — T a n d i s q u e j'a y vescu, je t'ay veu, ma
Cité Tousjours porter au col une captiuité (Hipp. 10.25)
— Si nous receuons, ô seigneur, De toy ce desiré bon-
heur, T a n d i s q u e le ciel t o u r n e r a, T a n d i s q u e
la mer f l o t e r a, Nous chanterons à ton honneur (Antig.
20. 465).

Daneben finbet ſiĉ aber auĉ t a n t q u e: ny chaleur
ny froidure, T a n t q u e vous y s e r e z, ne me semblera
dure (Antig. 49. 1401) — Que tousjours nostre nation
Serue captiue, Si jamais j'oublie Sion T a n t q u e j e v i u e
(Les Ju. 142. 1276).

14) Cependant que = pendant que, war früher in Proſa unb Poeſie gebräuchlich; jetzt kommt es ſelten mehr poetiſch vor (Mätzner 510 γγ u. 522 -- Darmest. 284):

Ce pendant qu'il defend qu'elles soyent abbatues, Les siennes il conserue (Corn. 115. 928) — passez vostre jeunesse, Ce pendant qu'elle dure, en joyeuse liesse (Hipp. 43. 1174) — Aucunes mignardant .. Mes enfans .. Les chargent à leur col, les tirent à l'escart Ce pendant que je suis abusé de leur fard. (La Tr. 166. 2578) — Mais trop longtemps je tarde, et ce pendant, peut estre, Que d'inutiles pleurs je me viens icy paistre, La pauurette pourra s'estre ouuert le sein (Antig. 81. 2312).

15) Pour autant que = parceque gebraucht Garnier ſtatt bes jetzt veralteten, noch im Kanzleiſtil üblichen, reinen kauſalen d'autant que (Mätzner 525). (Auch bei Montaigne (Glaun. 415) unb noch bei Pascal (Haase 93) findet ſich bie genannte Conjunction):

Creon a promptement Eteocle inhumé Pour autant qu'on l'a veu pour la patrie armé, Et qu'il est mort pour elle (Antig. 53. 1527).

16) Dequoy = de ce que, parceque:

Je ne suis pas dolent qu'il ait perdu la vie, Mais seulement dequoy je la luy ay rauie (Hipp. 73. 2156).

17) A tous les coups que = toutes les fois que:

Ils (= les Dieux) ne se vangent pas, Cesar, à tous les coups Qu'ils sont par nos pechez prouoquez à courroux (Antoine 198. 1522).

18) Quand voicy que = quand:

Il se tourne trois fois vers la Cité... Il vous nomme souuent, priant les Dieux celestes Que les tors qu'on luy fait deuiennent manifestes, Et que la verité vous soit cogneuë, à fin Que vous donniez le blasme au coupable à la fin: Quand voicy que la mer soudainement enflee .. Se hausse jusqu'au ciel (Hipp. 69. 1999).

19) A grand peine .. que = à peine que:

A grand peine ils estoyent à la gueule du creux,
Qu'il se vient presenter un grand Lion affreux (Hipp.
13. 171).

20) A peine quand = à peine que:

Et à peine en la rue estoy-je entree encore, Quand
j'entens la rumeur du peuple espouuanté (Antig. 86. 2466).

21) Que si (quod si) ſteht bei Garnier ſehr häufig
für „si“, ein Gebrauch, ben auch bie moberne Sprache kennt
(Mätzner 529):

Et crains que si ceux-là sont desfaicts par les nostres,
Qu'en beaucoup plus grand nombre il en renaisse d'autres
(Porcie 34. 571) — Que s'il en treuue aucune ..
Qu'attendé-je sinon que je soy' massacree (Hipp. 28. 663).

22) Si ist oft apoſtrophiert vor elle, während
bies heute nur vor il unb ils geſchieht:

Nous sommes insolens des presens de fortune, Comme
s'elle deuoit nous estre tousjours une (Corn. 89. 98) —
S'elle est telle, et pourquoy la craignez-vous ainsi?
(Corn. 102. 517) —

23) Moyennant que mit bem Conjunctiv =
für ben Fall baß, wenn nur, (wirb auch bei Montaigne (Glaun.
416) ſo gebraucht. Nach Sachs verlangt jeßt bieſe, ſich nur
mehr ſelten finbenbe Conjunction bas Futur ober Conbitionnel):

Ne me chault de me voir de mes peuples haï,
Moyennant que je sois et craint et obeï (Antig. 34.
925).

24) Selon comme = selon que:

Toute grandeur du monde est par eux terminee:
L'une tost, l'autre tard, selon comme il leur plaist
(Antoine 168. 513).

25) Sans que mit bem Jnbicativ in ber Bebeutung
von „wenn nicht“. (Nach Sachs kommt bieſe Conjunction jeßt
nur mehr ſehr ſelten vor):

vos soudars, bien qu'ils soyent indomtez, Ne vous
eussent jamais comme ils ont surmontez, Sans qu'il a
retiré de nous sa bienvueillance (Les Ju. 146. 1411).

26) Que tritt ſtellvertretend ein

a) für pourque ober afin que (Heute kommt es nur in beſchränktem Maaße ſo verwendet vor; im Altfranz. war es häufig (Mätzner 535)):

Donnez-moy mon baston, que de luy je m'appuye (La Tr. 124. 1244) — Allez donc mes enfans, allez à la bonne heure, Que par vous Sedecie en prison ne demeure (Les Ju. 156. 1660).

b) für sans que; Haupt= und Nebenſatz ſind negativ: Les formes des choses ne meurent Par leurs domestiques discors, Que les matieres qui demeurent, Ne refacent un autre corps (Corn. 103. 573) — Il ne peut remacher de son Pere la gloire, Que sa honteuse fin ne luy vienne en memoire (Porcie 55. 1280).

c) für si: Dites mes cheres soeurs, dites moy, je trespasse Que je ne sçay quel dueil en vostre coeur s'amasse (Corn. 105. 628).

d) für jusqu'à ce que (Auch neufranz.):

Et ne ressortent des logis, Que leurs glaiues ne soyent rougis Du sang de nos pauures espous (La Tr. 101. 526).

27) Que wurde im Altfranz. wiederholt, wenn in ben Nebenſatz mit que ein Zwiſchenſatz eingeſchoben war (Diez III. 342 Anm.). Dieſe Wiederholung von que fand auch im 16. Jahrh. ſtatt (Grosse 293); und Haase citiert p. 94 auch noch aus Pascal ein biesbezügliches Beiſpiel. Auch bei Garnier iſt mir ein Beiſpiel für die Wiederholung von que aufgeſtoßen, nämlich:

Dressas-tu cest Empire augmenté par les tiens, Logeas-tu dans ces murs nos ancestres Troyens, A fin qu'à l'auenir quand ta Rome maistresse Tiendroit ceste rondeur sous sa main vainqueresse, Que trois de tes nepueux, pignez d'impieté, Captiuassent ainsi nous et nostre Cité? (Porcie 68. 1692).

28) Umgekehrt iſt Que nicht wiederholt, wo dies heute notwendig wäre, im Altfranz. aber nicht geboten war (Haase 94):

Pleust à Dieu, mon enfant, q u e, ta mere, j e s c e u s s e
En quelle part tu es, et qu'auec toy je fusse: Je
s c e u s s e par quel sort tu m'as esté raui (La Tr. 110.
819) — Il eust bien mieux vallu, je le connois trop tard
Que j'eusse en ma personne entrepris ce hasard, P r e m i e r
q ü'en bataillons les troupes ordonnees De contraires
fureurs s e f u s s e n t moissonnees, Et tant de braues chefs
outrepercez de coups f u s s e n t trebuschez morts le visage
dessous (Antig. 38. 1034).

29) Mit q u e fehlt in bem beigeorbneten Nebenfaß auch
b a s, aus bem vorhergehenben Nebenfaß zu ergänzenbe S u b j e c t:

Que si de quelque Dieu ma voix est entendu, Et ne
soit (ftatt: et q u'elle ne s o i t) dans le ciel vainement
espandu (Antoine 182. 977).

30) Mit q u e fehlt in bem beigeorbneten Nebenfaß auch
b a s, aus bem vorhergehenben Nebenfaß z u e r g ä n z e n b e
Verbum:

Ore Dieux Afriquains, ore est venu le temps Que
de nous reuengez deuez estre contans, Et contans (ftatt:
et q u e d o i u e n t e s t r e c o n t a n s) les esprits de ces
vieux Capitaines (Corn. 145. 1889).

31) Wie bies ber älteren Sprache überhaupt, unb auch
allen Autoren bes 16. unb 17. Jahrh. eigen ift (Haase 96),
wechfelt Garnier gerne mit ber Konftruktion:

a) Von bem regierenben Verbum ift zu gleicher Zeit ein
birektes Object unb ein Objectfaß mit que abhängig:

Elle courra par tout sans crainte d'infortune, N e
r e d o u d a n t l e s r o c s, les S y r t e s, n y l e s b a n c s,
N y q u e les vents esmeus luy donnent par les flancs,
Prochaine d'abysmer (Einl. zu Porcie 8. 202) — J e l e s
v o y, ce me semble, et q u e tous larmoyeux Ils leuent
dessur nous et le coeur et les yeux (Corn. 139. 1655) —
Un chacun le s ç a it bien, et q u e toute la gloire on
donnoit à moy seul d'une telle victoire (Antoine 181. 960).

b) An einen Imperativ ift „et que" mit bem
Conjunctiv angereiht:

Soyez plus magnanime, et que le dueil, Madame,
Comme d'un peuple abject vostre raison n'entame (Corn.
136. 1557) — Pleurons nostre Ilion, ô filles, pleurons
Troye, Et que le ciel sanglant nos cris funebres oye
(La Tr. 88 122).

c) An einen indirekten Fragesatz ist, von dem=
selben Verbum regiert, ein Objectsatz mit „et
que" angereiht:

il y marche soudain, Cognoissant de combien impor-
toit telle ville Et qu'auec peu de gens y commandoit
Virgile (Corn. 137. 1598).

d) Auch folgende ähnliche Konstruktionen mö=
gen hier Erwähnung finden:

Pauures Dames, comment pourrez-vous supporter
Un si funeste encombre, et moy le rapporter? (statt:
et comment pourrai-je, moy, le rapp. — Les Ju. 163. 1881)
— vous ne deuez mourir, Ains vos jours prolonger pour
Thebes secourir. (Das im 1. Satz negativ gebrauchte Verbum
„vous deuez" ist zum 2. Satz affirmativ hinzuzudenken —
Antig. 16. 327) — Alors nous commençons à nous battre
et destordre, Deçà delà courir en un confus desordre,
Les hommes s'écarter où les chassoit la peur. (Aus
dem Verbum des 1. Satzes „nous commençons à" ist das
regierende Verbum zu dem asyndetisch beigeordneten 2. Satz
„les hommes s'écarter.." herauszunehmen, nämlich „les hom-
mes commencent à s'escarter" — Les Ju. 126. 789).

Negation.

I. a) Die volle Negationspartikel non, welche
sich im Neufranz. in mehreren Zusammensetzungen, wie „non-
sens", „non-usage", „nonchalant", „nonobstant" etc., sowie
bei Verneinung einzelner Begriffe, z. B. „non pas", „non plus",
„non que", ebenso für sich allein in der Antwort, z. B. „le

savez-vous? non", erhalten hat, diente früher zur Verneinung
des ganzen Satzes, namentlich bei „faire" als Stellvertreter
des vorhergehenden Verbums. (Diez III. 436 — Mätzner
444 und 455 — Mätzner, Synt. I. 385 und 386 — Glaun.
(Marot) 38). Nach Mätzner 444 findet sich diese ältere Form
der Verneinung auch hie und da noch im Neufranz. Bei Garnier
lassen sich mehrere Beispiele für jenen älteren Gebrauch der
Negation „non" anführen:

Las! je crains qu'il ne vienne annoncer quelque
encombre. Non fera, si Dieu plaist, je n'en ay point
de peur (Les Ju. 152. 1589) — Cette deuotion seroit
tost ra.froidie. Non sera. ce desir ja de long temps
m'a pris (Brad. 31. 683) — D'y aller dés demain le
plustost vaut le mieux. Non ferez si Dieu plaist
(Brad. 31. 688).

b) Sollen mehrere Substantiva negativ an einauder gereiht
werden, so geschieht dies in der modernen Sprache dadurch,
daß man jedem der Substantiva die Partikel „ni" vorsetzt und
vor das Verbum tritt dann die einfache Negation „ne", also
„ni .. ni .. ni .. ne" (Mätzner 456). Statt „ni" gebraucht
Garnier „non" im folgenden Beispiele:

Non la crainte des Dieux, et du grondant tonnerre,
Non l'amour que l'on doit à sa natale terre, Non des
antiques loix le sceptre à tous egal, Non la chaste
amitié du lien conjugal, Non le respect du sang, non
l'amour ordinaire Du pere à ses enfans, des enfans à
leur pere, Ne peut rien contre un coeur, que le soin
furieux De maistriser chacun, maistrise ambicieux (Corn.
115. 939).

c) Non = pas vor plus war im 16. und 17. Jahrh.
ganz gebräuchlich (Grosse 283 — Haase 91). Bei Garnier
sind mir zwei diesbezügliche Beispiele aufgefallen:

ses (= de la fortune) presens volages, Qui n'arrestent
non plus Que l'Ocean qui mouille ses riuages De flus
et de reflus (Les Ju. 159. 1770) — La grace, la beauté,
la vertu, le lignage Ne sont non plus prisez qu'une
pomme sauuage. (Brad. 13. 185).

II. Im Altfranz. genügte zur Verneinung eines ganzen Satzes die einfache Partikel „ne", dem allerdings auch schon sehr frühe sogen. Füllwörter, wie pas, point etc. beigegeben wurden (Diez III. 437 und 441 — Mätzner 444 — Mätzner, Synt. I. 386). Aber noch im 16. und 17. Jahrh. reichte die einfache Negation ne ohne Füllwort hin (Glaun. (Marot) 38 — Glaun. (Mont.) 420 — Grosse 282 — List 32 — Haase 89 — Darmest. 287). (Bekanntlich wird auch noch in der modernen Sprache in vielen Fällen ein ganzer Satz durch das bloße „ne" negiert (Diez III. 440 ff — Mätzner 447. ff)).

Eine, hinsichtlich der Setzung oder Auslassung der Füllwörter bei Garnier und zwar speziell bei den Dramen „Antigone" und „Les Juifues" angestellte Untersuchung ergab folgendes Resultat:

Man findet:

	a) einf. ne	b) ne-pas	c) ne-point
1) bei einzelnen Verben und zwar bei			
pouuoir	49	—	— mal
vouloir	20	6	1 „
sauoir	17	2	— „
deuoir	11	2	— „
laisser	6	—	1 „
cesser	4	—	1 „
oser	5	—	— „
2) beim Indicat. in bestimmt. Aussage:	179	57	49 „
3) beim Conjunct. im abhängigen Satz:	60	1	3 „
4) Im Fragesatz:	14	11	11 „
5) Im Bedingungssatz:	20	—	1 „
6) beim Jnfinitiv:	13	1	5 „
		pas allein	point allein
7) Im Fragesatz:		4	2 mal

Wenn es nun gestattet ist, aus den beiden angeführten Tragödien „Antigone" und „Les Juifues" auf die anderen Dichtungen Garnier's zu schließen, so ergibt sich hinsichtlich der

13

Setzung oder Auslassung der Füllwörter „pas" und „point"
folgendes Resultat:

bei den einzelnen angeführten Verben, sowie beim Beding=
ungsnebensatz und beim Conjunctiv im abhängigen Satz stehen
pas und point gar nicht, oder doch nur sehr selten. Häufiger
kommen sie vor beim Infinitiv, besonders aber im Fragesatz
und beim Indicativ mit bestimmter Aussage.

III. Im Altfranz. konnte ne fehlen und die N e g a t i o n
d u r c h   d a s   b l o ß e   F ü l l w o r t   a u s g e d r ü c k t werden. Auch
bei den, als klassisch anerkannten Autoren wurde die Partikel
ne bei der Frage unterdrückt (Diez III. 437 — Mätzner 444
— Mätzner, Synt. I. 388 — Glaun. (Marot) 41 — Glaun.
(Mont.) 424 — Grosse 282 — List 33). (Pascal kennt
diese Auslassung von ne nicht mehr, wol aber noch seine Zeit=
genossen (Haase 90)). Bei Garnier finden sich noch ziemlich
viele Beispiele für die Unterdrückung von ne, besonders im
F r a g e s a t z:

Je mourray, je mourray: f a u t - i l   p a s   q u e sa vie,
Sa vie et sa mort soit de la mienne suyuie? (Antoine
172. 651) — e s t - c e   p a s affoler? E s t - c e   p a s   p r o u o -
quer des grands Dieux le colere? E s t - c e   p a s procurer
soymesmes sa misere? (Antoine 195. 1423) — V o y e z -
v o u s   p a s les Dieux nous estre debonnaires, Bien qu'à
les offenser nous soyons ordinaires? V o y e z - v o u s   p a s
le ciel perpetuer son cours (Hipp. 27. 603) — V o y e z -
v o u s   p o i n t mon sein panteler de sanglots?.. (Hipp.
40. 1059) — V o i c i   p a s ton Hector ..? (La Tr. 115.
969) — S e r a - c e   p o i n t en ce lieu..? (La Tr. 121.
1158) — Quelque nouuelle amour (ce que Dieu ne per-
mette) V o u s   e c h a u f e r o i t   p o i n t d'une flamme secrette?
Quelque face angelique a u r o i t   p o i n t engraué Ses
traits dans vostre coeur de ses yeux esclaué? (Brad. 36.
820 u. 821) — Veillé-je ou si je dors! s o n t - c e   p o i n t
des allarmes De l'enchanteur Atlant (Brad. 40. 935) —
Ore v o u l e z - v o u s   p a s vos promesses conclure? (Brad.
52. 1315) — De ce preux Cheualier s ç a u e z - v o u s
p o i n t le nom? (Brad. 63. 1585).

Diese Auslassung von „ne" hat sich nach Darmesteter p. 288 in der Volkssprache bis auf unsere Tage erhalten und in Fragesätzen selbst in der Literarsprache.

IV. Abweichend vom heutigen Sprachgebrauche ist bei Garnier die Negation no häufig unterdrückt in dem Nebensatz, der von einem affirmativen, den Begriff der Furcht enthaltenden Hauptsatz abhängig ist. In diesem Falle konnte das Altfranz. die Negation ne entbehren und noch bis in's 17. Jahrh. läßt sich diese Unterdrückung von ne nachweisen (Diez III. 443 — Glaun. (Mont.) 425 — Grosse 282 — List 34) — Haase 89 — Vogels 506):

Et crains que si ceux-là sont desfaits par les nostres, Qu'en beaucoup plus grand nombre il en renaisse d'autres (Porcie 34. 571) — O Dieux! que j'ay grand peur qu'il ait suiui Cassie (Porcie 62. 1474) — Par ce que je craignois que mon Antoine absent Reprint son Octauie, et m'allast delaissant (Antoine 166. 465) — J'ay crainte que quelqu'un me voise deceler. (La Tr. 106. 703) — Helas! et j'ay grand peur que ce soit le dernier. (Antig. 28. 713) — Je surui malgré moy, pour ces corps enterrer De peur que les mastins les aillent deuorer (Antig. 48. 1355) — Ouy, de peur que la mort de vos mains le deliure (Les Ju. 108. 233) — Mais je crains que le Roy de plus griefue en ordonne (Les Ju. 121. 660).

Dagegen steht ne: il ha peur que tes bras De son throne echelé ne le jettent à bas. (Porcie 19. 95) — De peur qu'à son meurtrier dessein, Trop prompt, ne luy verses au sein Une eternelle repentance (Hipp. 67. 1945) — Mais j'ay peur qu'irrité ma priere il n'escoute (Les Ju. 120. 644) — Craignant incessamment qu'il ne luy soit osté (Brad. 36. 834).

V. Pas und point bienen oft zur Verstärkung der Negation, wo dieselben heute nicht mehr statthaft sind. (So auch bei Calvin (Grosse 283) und Pascal (Haase 90)):

a) vor dem beschränkenden que: Il ne l'a point aimé, que pour le deceuoir (Corn. 115. 934) — Les

cheuaux courageux n e maschent p o i n t le mors Sujets
au cheualier .. qu'auecque grands efforts (Corn. 124.
1209) — Je n'entreprendroy p a s de te faire demande
De ce troisiesme voeu, q u e pour chose bien grande
(Hipp. 64. 1838).

b) Vor aucun (Ebenso bei Marot (Glaun. 40)):

Aussi ne vous faut p a s (et vous supply me croire)
D'aucune cruauté souiller vostre victoire (Antoine
199.1524)—Le prestre contemplant le dedans de l'hostie,
N'y trouua p o i n t de foye en aucune partie (Hipp. 16.
274). (Vergleiche dazu das Pron. indefinitum II. b. p. 49!).

VI. Non pas steht pleonastisch in den Sätzen:

L'injuste commandement D'une tourbe populaire, Ne
le contraint de rien faire Contre son entendement: N o n
p a s ny mesme la face d'un Tyran qui le menace (Porcie
37. 681) — Non pas si Jupiter de foudres homicides
Les terres escrouloit, et fumant de courroux Descendoit
maintenant pour se mettre entre nous Il ne feroit pour-
tant que ceste main vous lâche, Je seray vostre guide,
encor qu'il vous en fâche (Antig. 9. 66) — Je cognois
mieux son bien que n o n pas elle mesme. (Brad. 18. 312).

VII. Rien, welches früher dem point ganz gleichgestellt
war, (Diez III. 445 — Mätzner 444), findet sich bei Garnier
einmal als Verstärkung der Negation „n e". (Marot
setzte „de rien" (Glaun. 39)):

Par ce Roy Chaldean qui r i e n n e l e r e d o u t e,
Qui sa grace n'inuoque, ainçois qui la reboute? (Les Ju.
170. 2111).

VIII. Hinsichtlich der Stellung der Negation siehe
die Wortstellung!

Wortſtellung.

Hinſichtlich der Wortſtellung iſt im Allgemeinen zu be=
merken, daß, abgeſehen davon, daß dem Dichter, auch dem moder=
nen, in dieſem Punkte größere Ungebundenheit erlaubt iſt, als
dem Proſaſchriftſteller, ſich bei Garnier die Freiheit der älteren
Sprache, die ja in dieſer Beziehung äußerſt ungezwungen war,
in der Stellung der Worte, nicht allein in der Poeſie, ſondern
auch in der Proſa in vielen Fällen geltend macht; eine Freiheit,
die ſich die moderne Sprache nicht mehr geſtattet.

Im Einzelnen iſt hierüber folgendes zu beachten:

I. Stellung des Subjects und Prädicats.

Hier fällt uns zunächſt die Inversion des Subjects
auf, welche ſehr häufig auftritt, in Haupt= und Nebenſätzen, bei
tranſitiven und intranſitiven Zeitwörtern, beſonders wenn der Satz
a) mit den copulativen Partikeln „et“ und
„si“ anfängt. Es iſt dies ein altfranz. Sprachgebrauch,
der ſich auch noch im 16. Jahrh. erhalten hat (Mätzner 553
— Mätzner, Synt. II. 275 — Diez III. 464 — Krüger
36 — Glaun. (Marot.) 42 — Glaun. (Mont.) 426 —
Grosse 246 — Stimming 191):

Et mesme diroit-on ... Que les Dieux sont poureux
(Porcie 35. 604) — Le droict est violé, et dit-on qu'on
ne doit Quand on veut dominer, auoir souci du droit
(Porcie 40. 785) — J'iray contre le Mede et sera mon
espee dans le sang escoulé de sa gorge trempee (Porcie
57. 1319) — La terre en est couuerte, et ne peut-on
marcher, Qu'on n'en face à milliers sous les pieds escacher
(Corn. 137. 1603) — Et n'a-ton soing comment, pourueu
qu'on le puisse estre (Antoine 183. 1021) — Et ne
sçait-on encor sur qui l'effet deuale (La Tr. 104. 642)
— et fut la ville emportee de viue force (Les Ju.
99. 28).

Et bien qu'il l'eust aimé d'vne amitié non feinte, Si
eust elle esté vaine (Corn. 115. 936) — Mais combien
que me soit vostre voyage dur ... si tressaillé-je

d'aise (Antig. 29. 770) — Encore qu'il soit tel, si ne
deuez-vous pas Le meurtrir de froid sang (Les Ju.
131. 953) — Si ne faut-il pourtant d'un desespoir se
paistre (Antoine 168. 519) — Si en auons-nous peur
(La Tr. 108. 758).

Dagegen ohne Inverſion: Et encore il me faut en
porter la nouuelle! (Corn. 135. 1550).

b) wenn der Satz mit den Adverbien „or", „main-
tenant", „alors" beginnt:

Or es-tu plus heureux que tu ne pensois estre
(Porcie 23. 235) — Hé Cassie est-il mort! ore Dieux
inhumains, Ore auons-nous perdu le dernier des Ro-
mains (Porcie 62. 1472) — O debile Vertu! mainte-
nant voy-je bien Que ta force et faueur que je suiuois,
n'est rien (Porcie 64. 1575) — Alors est-ce hasard,
s'il nous eschet d'auoir Quelque accident mauuais, que
n'ayons peu preuoir (Hipp. 22. 497) — Or l'ay-je mas-
sacré de cette dure main (Antig. 15. 287).

Dagegen ohne Inverſion: Or' il est temps d'ouurir
la porte à la tristesse (Porcie 73. 1848) — Ores nous
repoussions leurs batailles forcees, Or' les nostres
estoyent par elles repoussees. (Corn. 140. 1701) —
Ores j'ay tout quitté, fors toy mon Antigone (Antig.
16. 301).

c) bei der disjunctiven Conjunction ou, oder:

Je vaincray brauement, ou sera ceste espee ...
dedans mon sang trempee (Corn. 138. 1637).

d) bei que als Ausrufspartikel:

Qu'eust-il pourtant au coeur ma vengeresse espee!
(Porcie 56. 1287) — Malencontreuse Royne, ô que jamais
au monde Du jour n'eussé-je veu la clairté vagabonde!
(Antoine 207. 1800). — Für dieſen Fall ließen ſich übrigens
viele Beiſpiele anführen, wo die Inverſion nicht angewendet iſt.

e) bei dem verallgemeinernben quiconques
und dem ſteigernden tant:

Je vous salue aussi, et vous salue, ô Dieux, Qui-
conques soyez-vous, par qui victorieux Je reuoy

maintenant ma des'rable terre. (Porcie 48. 1026) — Nous
voyons journellement .. que rien, tant soit-il fort
Immuable ne sejourne .. (Antoine 178. 861) — Ne vous,
desolez point. Il n'y a maladie, Tant soit elle incurable,
où lon ne remedie (Brad. 48. 1208).

II. Stellung der adverbialen Bestimmung.

1) Hinsichtlich der Stellung des direkten Sub=
stantivobjectes verfuhr die ältere Sprache äußerst frei,
indem sie gar häufig Inversion eintreten ließ, d. h. den Accu=
sativ dem regierenden Verbum voranstellte. (Diez III. 461 u.
463 — Mätzner 557 — Mätzner, Synt. II. 297). Dieser
ältere Sprachgebrauch läßt sich aber bis in's 17. Jahrh. ver=
folgen. (Darmest. 296 — Riese 12 u. 13 — Stimming
192 — Glauning (Marot) 44 — Glaun. (Mont.) 429 —
Grosse 248 — List 35 — Haase 20). — Bei Garnier
finden sich in der Prosa, d. h. in den Vorreden und Einleit=
ungen zu den einzelnen Tragödien zwei Beispiele, wo das
direkte Object zwischen das Hilfsverbum und das Particp. Perf.
gestellt ist, nämlich:

Cesar ayant mené à fin ceste guerre, et toutes
les villes du pays reduit en son obeissance, retourna
à Rome, trionfer de ses victoires (Corn. 85. 33) — Na-
buchodonosor .. fut contraint de luy faire guerre pour
auoir faulsé sa foy .. et auoir son peuple reuolté
contre luy (Les Ju. 98. 8). — Aus der Poesie mögen nur
wenige Beispiele citiert werden:

Et qui .. Le desastre ne craint sur sa teste
pendant, .. Me vienne voir chetiue (La Tr. 85. 4) —
Puis un autre fantosme à moy s'est apparu, Dont m'a
la froide horreur les veines parcouru (La Tr. 124.
1262) — Voyez qu'ils vont mon corps en un roc
emmurer, Pour auoir mon germain voulu se-
pulturer! (Antig. 76. 2166) — Cette parolle à
peine il auoit acheuee, Que la teste luy est de son

col enleuee (Les Ju. 166. 1963) — Ainsi son peuple
ayant vostre Dieu chastié De ses nombreux mes-
faits, " en a prins pitié. (Brad. 9. 91).

Diese Beispiele ließen sich leicht durch viele andere ver=
mehren; allein es hätte wenig Wert, da ja auch bei den moder=
nen Dichtern derartige Jnversionen des Accusativobjectes nicht
ungewöhnlich sind. (Mätzner 435).

2) Die verbundenen persönlichen Fürwörter
(Acc. und Dativ), welche das Object eines mit einem
verbum finitum verbundenen Jnfinitivs bilden, stehen im
Neufranz., mit Ausnahme weniger Fälle, vorzugsweise vor dem
Jnfinitiv. (Diez III. 472 — Mätzner 558). Jm Altfranz.
hatten sie ihre Stellung vor dem verbum finitum. (Krüger
19 — Riese 5 — Stimming 192). Auch im 16. Jahrh
war dies Regel (Glaun. (Marot) 46 — Glaun. (Mont.) 430
— Darmest. 300). — Jm 17. Jahrh. schwankt die Stellung
der verbundenen persönlichen Pron., indem sie bald vor das
Verb. finit., bald vor den Jnfinitiv treten. (List 36 —
Haase 47) — Bei Garnier ist, dem älteren Sprachgebrauche
gemäß, die Stellung vor dem regierenden Verbum
weitaus vorherrschend:

Je les veux poursuyuir (Porcie 41. 833) — Qui
tient ses ennemis, les doit destruire tous. (Porcie 42.
850) — et de diuerses parts Pour le cuider combatre
assemblerent soudars (Porcie 45. 922) — De toy jamais
à l'aduenir Ne me puissé-je souuenir. (La Tr. 102.
554) — Où est-il? deliurez-le, il le vous conuient
rendre (La Tr. 111. 849) — Il la faut augmenter. (La
Tr. 114. 919) — Mais vous n'en sçauiez rien, vous ne
le pensiez faire (Antig. 11. 130) — Il m'y faut
deualer (Antig. 37. 998) — Si auecques le fer il la veut
conquerir (Brad. 14. 223) — Ne le puis-je pas faire?
(Brad. 15. 232).

Besonders charakteristisch sind hiefür diejenigen Beispiele,
wo durch das vorantretende Pron. reflex. sogar das regierende
Hilfsverbum „auoir" in „estre" verwandelt wird, eine Eigen=

tümlichkeit, die Stimming p. 192 auch bei Commines nachweist und die sich auch noch bei Pascal (Haase 66) findet:

Ces Dieux-la courroucez pour ma legere foy **Se sont voulu venger** de Pompee et de moy (Corn. 94. 274) Ore ce Scipion, qui … **S'est osé affronter** à mes bandes guerrieres… (Corn. 128. 1365) — et aduint qu'en tombant, il s'enlaça fortuitement, et ennoüa les jambes aux courroyes et liaces de l'attellement, en telle sorte que ne **s'estant pou depestrer**, il fut miserablement trainé par ses cheuaux (Hipp. 6. 33) — Pour ne voir plus le ciel **au eugler me suis peu**. (Antig. 7. 15).

Eine hinsichtlich der Stellung der persönlichen Fürwörter (Acc. und Dativ) speziell bei „Porcie" und „La Troade" angestellte Untersuchung führte zu folgendem Resultat:

Die Verba faire, laisser und voir, bei denen auch im Neufranz. das Pron. immer vor dem verb. finit. steht, gar nicht miteingerechnet, stehen die Pronomia

	a) vor dem reg. Verbum.	b) vor dem Infinitiv:
bei pouuoir	29 mal	8 mal
„ vouloir	18 „	3 „
„ sauoir	2 „	— „
„ deuoir	5 „	2 „
„ souloir	1 „	— „
„ venir	16 „	4 „
„ aller	7 „	— „
„ penser	3 „	— „
„ cuider	2 „	— „
„ oser	2 „	— „

3) Im Altfranz. stand **das persönliche Pron.** auch vor dem **Verbum aller**, wenn dieses mit einem Gerundium verbunden war (Krüger 21). Auch Garnier folgt, wie auch noch Voiture (List 37) und einmal auch Pascal (Haase 48), dem altfranz. Gebrauch:

Fauorisez à Brute, et d'un foudre esclatant Renuersez l'ennemy qui **l'ira combatant**. (Porcie 36. 642) — Et qui la teste basse … **Ores se va cachant** dans un roc montagneux (Porcie 54. 1238) — Le riuage en est plein, la mer **s'en va joüant** (La Tr. 86. 47) — **On nous va partageant** comme quelque bagage (La

14

Tr. 88. 109) — Nous vous irons secondant (La
Tr. 89. 152) — les Troades captiues me vont enui-
ronnant (La Tr. 166. 2573).

4) Kommt ein Dativ mit einem Accusativ des
persönlichen Pron. zusammen, so steht bekanntlich der Dativ
vor dem Acc., mit Ausnahme von lui und leur und beim
Imperativ. (Diez III. 472 — Mätzner 566). Ju der älteren
Sprache beobachtete man diese Regel noch nicht und setzte die
Acc. le, la, les gerne vor den Dativ des persönlichen Pron.
(Diez III. 473 — Mätzner, Synt. II. 341 — Krüger 25
— Riese 8). — Diesbezügliche Beispiele für das 16. Jahrh.
weisen auf: Glauning (Marot) 46 — Grosse 248 —
Darmest. 298). — Auch im 17. Jahrh. kam jene, heute nicht
mehr gebräuchliche Stellung vor (List 37).

Bei Garnier nun sind ebenfalls mehrere Beispiele vorhanden,
wo der Acc. „le“ vor dem Dativ „nous“ oder
„vous“ steht:

Mais que dy-je approuuer? que je le vous conseille
(Brad. 26. 524) — J'entendray volontiers cette estrange
auanture, Si de la vous conter ne vous est chose dure
(Brad. 67. 1680) — Où est-il? deliurez le: il le vous
conuient rendre. (La Tr. 111. 849).

5) Beim Imperativ ist die Stellung der Pron. schon
ganz die moderne. Es findet auch, wie schon bei Commines
(Stimming 192), die Regel Anwendung, daß die Pron., welche
der Regel nach hinter dem Imperativ stehen, einem zweiten
darauffolgenden Imperativ vorangehen. (Mätzner 566 —
Mätzner, Synt. II. 341 — Diez III. 472 — Darmest. 299):

Venez, fatales Soeurs, et vous lauez les mains
(Porcie 18. 43) — Tirez mon coeur raui de ses mortes
entrailles, Et le repinçotez de flambantes tenailles
(Porcie 66. 1645) — Retournez donc, Roger, reuenez ma
lumiere, Las! et me ramenez la saison printaniere.
(Brad. 37. 852) — Tous tous à moy venez, et me tendez
les bras. (Brad. 46. 1130).

Die angeführten Beispiele ließen sich noch durch sehr viele
andere vermehren!

6) Wie bei Marot (Glaun. 44), so kann auch bei Garnier, dem älteren franz. Gebrauche gemäß (Mätzner 560 — Mätzner, Synt. II. 311 — Krüger 18) der reine Infinitiv seinem Beziehungsworte vorausgehen:

Ouy, je le souffriray, et pire chose encor, Si faire se pouuoit (La Tr. 115. 960) — Non puisque l'offenser, vous n'auez pas voulu. (Antig. 11. 128) — Je ne refuseray de souffrir tout outrage, Si souffrir le conuient (Antig. 56. 1585) — Estre je ne demande Espousant un mary plus qu'il ne conuient grande (Brad. 26. 549).

7) a) Die Adverbien der Menge treten häufig von dem davon abhängigen Genitiv getrennt auf. Es ist dies ein altfranz. Sprachgebrauch, der aber auch der modernen Grammatik nicht unbekannt ist (Mätzner 575. 2):

O combien roulent d'accidens Des cieux sur les choses humaines! (Porcie 21. 151) — Cesar a plus qu'eux tous emporté de batailles, Plus de peuples domté, plus forcé de murailles. (Corn. 128. 1337) — Consolez-vous, Madame; Helen l'adultere N'a tant à nostre race apporté de miseres, De meurtres et d'horreurs en si grande foison, Que j'en iray combler d'Attride la maison (La Tr. 94. 322) — la vertueuse saison de nos ancestres ne se peut vanter d'auoir rien produit de pareil (Antig. 2. 28). — Nous aurons mille fois plus qu'ici de liesse (Brad. 28. 602).

b) Das Adverb ist von seinem Adjectiv getrennt, wie bei Marot (Glaun. 46) und Montaigne (Glaun. 432) (Diez III. 458) (Mätzner, Synt. II. p. 327 sagt zu diesem Punkte: „Es findet Auseinanderstellung des bestimmenden Adverbs und des bestimmten Satzteiles statt, wie im Altfranz., wobei zwischen beide das Zeitwort, sowie mancherlei anderweitige Satzbestimmungen eingeschoben wurden; dieser Gebrauch betrifft inbeß meist die Adverbien der Quantität und Intensität"):

N'aguieres il n'estoit sur la masse terreuse famille qui fust tant que cette-cy heureuse (Hipp. 65. 1866) Estre je ne demande Espousant un mary plus qu'il ne conuient grande (Brad. 26. 549).

Hieher gehören auch diejenigen Concessivsätze, in welchen das an der Spitze des Satzes stehende „tant“ durch das Verbum von seinem Beziehungswort getrennt wird:

La crainte que lon a d'un mal tant soit extrême, Trouble plus un esprit que ne fait le mal mesme (Corn. 132. 1457) — Les bestes des forests, tant fussent-elles fieres, .. N'ont peu vous offenser (Hipp. 75. 2199) — Nul vieillard tant fust decrepit, Et nul enfant, tant fust petit, Demeura dans la ville alors (La Tr. 99. 465) — Ce n'est rien de mourir: la mort tant soit amere, N'est aux calamiteux qu'une peine legere (Les Ju. 108. 235).

c) Das Adverb steht nach seinem Abjectiv. (Ebenso bei Montaigne (Glauning 432) und bei Marot (Glaun. 46)):

La mer est calme assez (La Tr. 108. 751).

d) Zu merken ist die Trennung des Adverbs hors von der dazu gehörigen Casuspräposition de:

Que pour un tel forfaict, jamais de vostre terre La peste ne soit hors, la famine et la guerre (Corn. 112. 871) — Puisque le fils d'Hector est de ce monde hors, Il ne faut plus douter de sortir de ces bords (La Tr. 113. 883).

Ebenso sind die beiden Bestandteile der Conjunctionen depuis que und puisque von einander getrennt:

Nous auons continuelles Depuis espandu des pleurs, Que la nauire Troyenne .. Pour nostre mal eut ancré Sur la riue Amycleanne. (La Tr. 88. 128) — Puis donc que son fils mort nos esperances trompe, Il faut que ce tombeau presentement on rompe (La Tr. 114. 937).

e) Ganz eigentümlich ist die Wortstellung in folgenden Sätzen:

Et s'entre-sont tuez? (Antig. 37. 1005) — Ainsi les deux guerriers, seul à seul bataillant, D'un courage indomté s'entre-alloyent chamaillant (Antig. 41. 1135) — Ils s'entre-sont promis? (Brad. 55. 1365) — Mesme si vous sçauez qu'ils s'entre-soyent promis (Brad. 64. 1617). — Die Praep. „entre“, die doch mit den

Verben tuer, chamailler und promettre einen Verbalbegriff
bildet, nämlich: s'entre-tuer, s'entre-chamailler und s'entre-
promettre, ist hier von diesen Verben getrennt und zwischen
das Pron. reflex. und das Hilfsverbum eingeschoben.

8) Wie im Altfranz. (Mätzner 564 — Mätzner, Synt.
II. 331 — Diez III. 459 — Riese 11), können die Füll=
wörter pas, point und plus der Negationspartikel
auch vorausgehen. (Wie bei Marot u. Rabelais (Glaun.
Marot 46)):

Son ordre est immuable, et qui point ne s'arreste
Pour la grandeur d'un Roy (Porcie 47. 1001) — Trop
couard est celuy qui point ne se hasarde (Antig. 54.
1556) — Pour auoir son amour qui pas ne le merite
(Brad. 18. 320) — Mon ame à la seruir est si fort ob-
stinee, A l'aimer, l'adorer, qu'en moy plus je ne vy
(Brad. 32. 716).

III. Stellung der abnominalen Bestimmung.

Die Stellung des Abjectivs war im Altfranz. eine
äußerst freie. Jedoch ließ sich die Neigung, demselben seinen
Platz vor dem Substantiv anzuweisen, nicht verkennen. (Krüger 6
— Diez III. 450). — Die wenigen Notizen, welche von den
Grammatikern des 16. u. 17. Jahrh. hierüber gegeben werden,
sind von List p. 37 u 38 in folgender Weise zusammengestellt:

„Palsgrave stellte für die Stellung des Abjectivs folgende
Regel auf: „„If an adjectyve be joyned with a substan-
tyve, as to put a difference or to avoyde confusyon by-
cause there is dyverse of suche sortes as the substan-
tyve signyfieth, than the adjectyve shall ever in the
frenche tonge followe the substantyve.‟‟

Diese Regel schließt in wenigen Worten viele unserer heu=
tigen in sich. Jedoch war sie etwas zu allgemein gehalten und
bedurfte weiterer Ausführung. R. und H. Estienne (Livet
p. 401) und Vaugelas (II. 33—34) verlangen, daß die Ab=
jectiva, die eine Farbe bezeichnen, ihren Platz nach dem Sub=

ſtantiv haben ſollten; eine Forderung, die allerdings auch ſchon
die Regel Palsgrave's enthielt. Ferner waren R. und H.
Estienne der Anſicht, daß Eigenſchaftswörter, wie beau, bon,
grand und petit, denen Vaugelas noch mauvais und die Zahl-
wörter hinzufügte, v o r dem Subſtantiv zu ſtehen hätten. Auch
wieſen R. und H. Estienne ſchon auf die Abjectiva hin, die
durch ihre Stellung vor oder nach dem Subſtantiv eine andere
Bedeutung erhielten. Was die übrigen anlangt, ſo glauben
R. und H. Estienne und Vaugelas, es jedem einzelnen Schrift-
ſteller überlaſſen zu müſſen, dieſelben vor oder nachzuſtellen, je
nachdem es der gute Gebrauch und der Wohlklang forderte. Zu
den Adjectiven, die ihren Platz n a c h dem Subſtantiv einnehmen
ſollten, wurden von Patru und Th. v. Corneille (Remarques
de M. de Vaugelas sur la langue franç. avec des Notes
de Messieurs Patru et Th. Corneille II. 38) noch die ad-
jectiviſchen Particp. Perf. hinzugefügt. — Alle dieſe Regeln
gelten auch noch heute, wurden jedoch noch durch einige, zum
Teil ganz beſtimmte vermehrt (Mätzner, Gram. 567. ff.)."

Hinſichtlich der Stellung der Abjectiva bei Garnier iſt
Folgendes zu beachten:

A. V i e l e A b j e c t i v a, welchen die heutige Grammatik
ihre Stellung n a c h dem Subſtantiv anweiſt, ſ t e h e n b e i
G a r n i e r a u c h v o r a u s, und zwar nicht blos in der Poeſie,
ſondern auch in der Proſa:

1) D i e A b j e c t i v a, w e l c h e L ä n d e r = u n d V ö l k e r =
n a m e n b e z e i c h n e n.

Dieſe Voranſtellung iſt altfranzöſiſch (Diez III. 451 —
Mätzner, Synt. II. 374) und war auch noch im 16. Jahrh.
üblich. (Glaun. (Marot) 48. b — Glaun. (Mont.) 436):

Car mille et mille vers porteront vos louanges De
ce françois sejour aux riuages estranges. (Einl. zu
Porcie 5. 64) — estant le M o s c o u i t e V a i n c u e u r
dans Cracouie auec son exercite (Einl. zu Porcie 7. 155)
— ne pourrons-nous .. Refrener .. la R o m a i n e a r r o-
g a n c e? (Porcie 19. 82) — Hecube, grisonnant a u x
G r e g e o i s e s g a l e r e s (Porcie 30. 480) — obeir a u x
fureurs de ces S c y t h i q u e s L o u s (Porcie 33. 566) —

aux Libyques plaines (Corn. 106. 643) — les
Troiques Dames (La Tr. 93. 289) — les Argiues
armees (La Tr. 105. 649) — la françoise couronne
(Brad. 7. 9) — l'Indique bord (Brad. 24. 467).

2) Die Abjectiva, welche eine Farbe bezeichnen.
Auch heute weicht die Poesie in der freieren altfranz. Weise
(Mätzner, Synt. II. 374 — Riese 15 — Krüger 7) von
der jetzt üblichen Wortstellung manchmal ab (Mätzner 572 —
Diez III. 451). (Beispiele bei Marot citiert Glaun. p. 48. a):
sur la verte campagne (Einl. zu Porcie 6. 104)
— une rouge fonteine (Porcie 55. 1256) — une
blanche brebis (Hipp. 16. 264) — leur blonde soye
(La Tr. 90. 185) — un noir marbre (La Tr. 161. 2432).

. 3) Die Abjectiva auf able, ible, ique, aire etc.
(So auch bei Marot (Glauning 48. c) und Montaigne
(Glaun. 436)):

Nous originaires sujets de vostre Majesté
(Porcie, Einl. 3. 1) — nos poetiques chansons (Porcie,
Einl. 3. 17) — La posterité, incorruptible juge de
nos actions (Porcie, Einl. 3. 18) — les admirables
effects de vos heroiques vertus (Porcie, Einl. 3.
20) — d'une si intolerable douleur (Antig., Einl.
5. 74).

Auch zwei Abjectiva stehen voraus:

les belles et recommendables parties (Porcie,
Einl. 4. 28) — en nos particuliers et domestiques
encombres (La Tr. Einl. 81. 13) — de si miserables
et dernieres ruines (La Tr. Einl. 81. 17) — les
assidus et desagreables labeurs (Les Ju. Einl.
96. 21).

Diese sämmtlichen Beispiele sind der Prosa entnommen;
sie ließen sich leicht aus der Poesie vermehren.

4) Die Participien Praes. und Praeteriti.

Die ersteren können nach Diez III. 452, Mätzner 572
und Mätzner, Synt. II. 375 auch in der neueren Sprache
vorangehen. (Aus dem 16. Jahrh. citiert Beispiele Glauning

(Marot 48 d und Montaigne 436). — Für das 17. Jahrh. vergleiche List 39 und Haase 41):

a) Voranstellung des Particip. Praes.:

Et se plongeant au sein des refuyantes eaux (Porcie 18. 47) — ce forçant destin (Porcie 31. 517) — vos renaissantes pleurs (Corn. 93. 226) — ce menaçant danger (La Tr. 109.765) — ma suppliante voix (Antig. 13. 190) — la rogeante tristesse (Antig. 13. 202) — leurs meurtrissants poignards (Antig. 23. 553).

b) Voranstellung des Particip. Perf.

(In der alten Sprache kann das Particip. Perf. auch vor dem Substantiv stehen, während es jetzt regelmäßig nach= gesetzt wird (Krüger 8)):

par une feinte voix (Porcie 39. 753) — tant de soudains et multipliez desastres (Antig. 5. 76) — ces maudits enfans (Antig. 17. 343) — ce desiré bonheur (Antig. 20. 464).

In diesen sämmtlichen, von 1—4 angegebenen Fällen findet jedoch auch Nachstellung des Adjectivs statt.

B) a) Verschiedene Adjectiva, die nach der heutigen Grammatik ihre Stellung vor dem Substantiv haben, werden bei Garnier manchmal nachgesetzt, (wie im 13. Jahrh. (Krüger 8), wie bei Commines (Stimming 193), bei Marot (Glaun. 48, e), bei Montaigne (Glaun. 438) und noch bei Pascal (Haase 40. a)), nämlich:

α) ancien und vieil: les douceurs anciennes (Porcie 27. 386) — Je pers de mes ayeux les sceptres anciens (Antoine 207. 1803) — la marque ancienne (Hipp. 62. 1739) — les exemples anciens (La Tr. 81. 11).

Dagegen: les anciens thresors et richesses de Troye (La Tr. 48. 38).

Si mon pere vieil en ses langueurs je guide (Antig. 44. 1248).

β) bas, petit und grand: aupres du peuple bas (Hipp. 65. 1875) — les enfans petits (La Tr.

103. 611) — me voulez-vous priuer du bonheur le plus grand qui me puisse arriuer? (Antig. 9. 72) — son enfant petit (Brad. 9. 87).

γ) cher, bon, beau, meilleur, mauvais, pire: le malheur pire (Corn. 143. 1795) — ses nauires meilleurs (Corn. 143. 1802) — une mort belle (Antoine 189. 1236) — une graueure belle (Hipp. 62. 1738) — les tresses belles de vos cheueux (La Tr. 89. 159) — icy l'enfance chere de mon fils se presente (La Tr. 114. 941) — une chose mauuaise (Antig. 45. 1256) — un outrage meilleur (Les Ju. 136. 1090) — c'estoit un prince bon (Les Ju. 137. 1113) — un mesnage mauuais (Brad. 17. 299) — je n'ay chose meilleure (Brad. 50. 1248).

Dagegen: aux meilleurs combatans (Corn. 143. 1804).

b) Die Ordnungszahlen stehen heute vor dem Sub=stantiv, außer sie bienen zur Unterscheidung gleichnamiger Per=sonen (Mätzner 568). Früher dagegen standen sie überhaupt nicht selten nach dem Substantiv (Mätzner, Synt. II. 356). (So bei Commines (Stimming 194), bei Calvin (Grosse 249), und noch im 17. Jahrh. bei Pascal (Haase 40. a). — Diese ältere Stellung nach dem Substantiv kommt auch bei Garnier vor:

Qui froisse, rompt et brise à ses efforts premiers (Porcie 48. 1041) — nos franchises premieres (Porcie 73. 1840) — les monarques premiers (Corn. 90. 128) — luisant retraçoit une course seconde (Les Ju. 123. 699) — ces paroles dernieres (Porcie 64. 1574) — ta force premiere (Brad. 48. 1180).

Dagegen: ses premieres fleurs le Printemps amassa (Hipp. 27. 610) — C'est mon premier sejour, ma demeure premiere, c'est la raison qu'il soit ma retraite derniere (Antig. 8. 29)

c) Wie bei Commines (Stimming 193), Marot (Glaun. 48. f), Montaigne (Glaun. 435), steht auch bei Garnier das Pronomen poss. noch ziemlich häufig nach dem Sub=stantiv, ganz nach altfranz. Art (Mätzner, Synt. II. 357):

le pere sien (Porcie 55. 1278) — l'ame mienne
(Corn. 108. 707) — la race sienne (Antoine 162. 338)
— l'arrogance sienne (Antoine 204. 1692) — cest
charogne mienne (Antig. 8. 37) — pour la querelle
sienne (Antig. 16. 317) — autour du frere sien
(Antig. 62. 1767).

d) Auch bie Pron. indef. aucun, tel unb tout
ſteben nach bem Subſtantiv (wie bei Commines
(Stimming 194) unb Marot (Glaun. 48. f). Die gleiche
Stellung nach bem Subſtantiv kommt auch in ber neueren Sprache
manchmal vor (Mätzner 570 — Mätzner, Synt. II. 362.
365 unb 367)):

Octaue, est-il tourment, est-il supplice tel, Dont
se doiue tant plaire un ennemy mortel? (Porcie 56. 1297)
— Y-a-til malencontre, y-a-til mal aucun, Y-a-til
accident qui ne nous soit commun? (Porcie 74 1870) —
J'atteste Jupiter.. que victoire aucune où j'apperçoy
gesir Le corps d'un citoyen, ne me donne plaisir. (Corn.
129. 1379) — pour une faute telle (Corn. 145. 1870)
— n'en ayez peine aucune (Les Ju. 139. 1179) —
On pourroit escrouler plustot la terre toute Que de
me demouuoir d'une chose resoute. (Les Ju. 149. 1475)
— sans object aucun (Brad. 9. 59) — Roger, ce grand
Achille, à qui la France toute Ne sçauoit opposer
Paladin qu'il redoute! (Brad. 57 1439).

C) Wie bei Froissart (Riese 16), Commines (Stimming
194), Calvin (Grosse 249), Montaigne (Glaun. 439), Voi-
ture (List 39) unb Pascal (Haase 42), werben auch bei
Garnier zwei, bei einem Subſtantiv ſtebeube, mit
„et“ verbunbene Abjectiva getrennt, inbem bas eine
vor bas Subſtantiv tritt unb bas anbere mit „et“ bemſelben
nachgeſetzt wirb, ganz nach altfranz. Art (Mätzner, Synt. II.
382). Allerbings iſt mir nur ein biesbezügliches Beiſpiel auf=
gefallen. nämlich:

Nostre France a de tout temps produit une belle
noblesse et valeureuse pour le seruice de son Roy
(Hipp. 1. 1).

D) Die Bedeutung gewisser Abjectiva ist heute
von ihrer Stellung vor oder nach dem Substantiv
abhängig. In der älteren Sprache wurde es damit nicht
so genau genommen (Diez III. 450). Bei Garnier ist in dieser
Beziehung das Abjectiv propre zu beachten. Die verschiedene
Bedeutung dieses Abjectivs wird nämlich, wie bei Marot (Glaun.
48) und Calvin (Grosse 249), auch bei Garnier noch nicht
durch die bloße Stellung vor oder nach dem Substantiv bezeichnet.
Sie läßt sich jedoch leicht aus dem Zusammenhang erkennen.
(Selbst bei Pascal (Haase 41) ist die Bedeutung des Abjectivs
propre noch nicht an dessen Stellung vor oder nach dem Sub=
stantiv gebunden):

des corps demembrez Nageans dans leur s a n g
p r o p r e (Corn. 141. 1757) — Souillez en leur s a n g
p r o p r e (Antoine 181. 950) — Sans espoir de pardon
je le feray punir, fust-il mon e n f a n t p r o p r e (Antig.
61. 1740).

Dagegen: Quoy? eussé-je, Creon, violentant nature,
Souffert m o n p r o p r e f r e r e estre des Loups pasture
faute de l'inhumer, comme il est ordonné? (Antig. 64.
1833) — Que si mon p r o p r e e n f a n t m'auoit faict
telle injure .. Je le ferois mourir (Les Ju. 108. 248).

Schlußbemerkung.

Wenn wir nun einen flüchtigen Rückblick werfen auf die
eben wahrgenommenen grammatischen Erscheinungen in den Wer=
ken Garnier's, so werden wir finden, daß sich der Stil dieses
Dichters einer Freiheit und Ungebundenheit erfreut, die uns den
Beweis dafür liefern, daß die franz. Sprache im 16. Jahrh.
sozusagen ihren Gährungsprozeß durchmachte, daß sie eine Über=
gangssprache von dem Altfranzösischen zur modernen Ausdrucks=
weise genannt werden kann.

Der Wortschatz ist ein äußerst reichhaltiger. Wortformen, die entweder dem Altfranzösischen entlehnt, oder in Folge der Reformbestrebungen der Plejade direkt aus dem Lateinischen, Italienischen oder Spanischen herübergenommen sind, finden sich in großer Anzahl an der Seite ganz moderner Ausdrucksweisen.

Die Regeln der Grammatik, speziell die Gesetze der Syntax, sind noch schwankend und unbestimmt, und gestatten eine überaus große Manigfaltigkeit der Konstruktion, was der freien Entfaltung des dichterischen Genius gewiß nur vorteilhaft sein konnte.

So dürften denn Garnier's Dichtungen ganz besonders dazu geeignet sein, ein richtiges Bild zu geben von der Freiheit, Beweglichkeit und Manigfaltigkeit der in der Entwickelung begriffenen französischen Sprache des 16. Jahrhunderts.

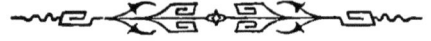